INHALT

W0040098

> SZENE

S. 12–15: Trends, Entdeckungen, Hotspots! Was wann wo auf Jamaika los ist, verrät der MARCO POLO Szeneautor vor Ort

> 24 STUNDEN

S. 88/89: Action pur und einmalige Erlebnisse in 24 Stunden! MARCO POLO hat für Sie einen außergewöhnlichen Tag auf Jamaika zusammengestellt

> LOW BUDGET

Viel erleben für wenig Geld! Wo Sie zu kleinen Preisen etwas Besonderes genießen und tolle Schnäppchen machen können:

Feel the vibe: freier Strand mit guter Musik S. 39 | Einfache Unterkunft für wenig Geld S. 51 | Sparen bei der River Safari: mit Fischerbooten zu den Krokodilen S. 70 | Günstiger ins Internet S. 77

> GUT ZU WISSEN

Was war wann? S. 10 | Meet the People S. 19 | Spezialitäten S. 26 | Blogs & Podcasts 37 | Exportschlager Bauxit S. 42 | Blue Mountain Coffee S. 55 | Piratenburg River Lodge S. 61 | Die Blonden von Seaford S. 67 | Bücher & Filme S. 80 | www.marcopolo.de S. 98

AUF DEM TITEL
Bootstour auf dem Alligator Hole River S. 71
Golferparadies White Witch S. 91

ENTDECKEN SIE JAMAIKA!

Unsere Top 15 führen Sie an die traumhaftesten Orte und zu den spannendsten Sehenswürdigkeiten

Die Highlights sind in der Karte auf dem hinteren Umschlag eingetragen

 Reggae-Sumfest
Wenn in Montego Bay die Reggaestars des Landes auftreten, wird die Nacht zum Tag (Seite 23)

 The Native
In Montego Bay werden Spezialitäten des Landes angeboten, die man sonst vergeblich sucht (Seite 33)

 Sea Trek
Ein Toperlebnis in Montego Bay: mit Taucherhelm und Druckluft können Sie auf dem Meeresboden herumlaufen (Seite 35)

 Dunns River Falls
In Badekleidung und rutschfesten Schuhen 200 m gegen stürzende Wasser anklettern (Seite 38)

 Green Grotto Cave & Runaway Caves
Unterirdische Entdeckungsreise: zwischen Stalaktiten und Stalagmiten auf den Spuren der Ureinwohner Jamaikas – 40 m unter der Erde (Seite 43)

 Blue Mountains
Genießen Sie unendliche Ausblicke übers Land – und am Nachmittag den berühmten blauen Dunst über den Bergen (Seite 53)

 Port Royal
Wo sich früher Piraten um ihre Beute stritten und die nächsten Raubzüge planten, bekommen Sie heute schmackhaften Fisch und eiskaltes Bier serviert (Seite 55)

MARCO POLO

JAMAIKA

> An Jamaika – und der Karibik über-
> haupt – reizvoll ist die sprichwörtli-
> che Leichtigkeit des Seins, die mich
> täglich eine noch nicht erreichte Ge-
> lassenheit lehrt.
> *MARCO POLO Korrespondent*
> *Hans-Ulrich Dillmann*
> (siehe S. 127)

Spezielle News, Lesermeinungen und Angebote zu Jamaika:
www.marcopolo.de/jamaika

JAMAIKA

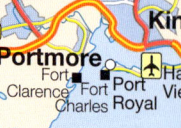

> SYMBOLE

MARCO POLO INSIDER-TIPPS
Von unseren Autoren für Sie entdeckt

MARCO POLO HIGHLIGHTS
Alles, was Sie auf Jamaika kennen sollten

 **SCHÖNE AUSSICHT**

〜 **WLAN-HOTSPOT**

▶▶ **HIER TRIFFT SICH DIE SZENE**

> PREISKATEGORIEN

HOTELS
€€€   über 120 Euro
€€   60–120 Euro
€   unter 60 Euro
Die Preise gelten für zwei Personen im Doppelzimmer ohne Frühstück

RESTAURANTS
€€€   über 15 Euro
€€   8–15 Euro
€   unter 8 Euro
Die Preise gelten für ein Hauptgericht ohne Getränke

> KARTEN

[110 A1] Seitenzahlen und Koordinaten für de Reiseatlas Jamaika

Karten zu Kingston, Monte Bay, Port Antonio und Oche Rios finden Sie im hinterer Umschlag

Zu Ihrer Orientierung sind auch die Orte mit Koordina ten versehen, die nicht im Reiseatlas eingetragen sin

> DIE BESTEN MARCO POLO HIGHLIGHTS

 Mocking Bird Hill
Herberge bei Port Antonio, wo Gast-
freundschaft und Umweltbewusstsein
großgeschrieben werden (Seite 58)

Jamaica Explorations
Bauern aus der Umgebung von Port
Antonio helfen Ihnen bei Wanderungen,
Land und Leute kennenzulernen
(Seite 58)

10 Winnifred's Beach
Am Wochenende geht in Port Antonio
die Party ab: Reggae, Rasta und ein
Sonnenbad (Seite 59)

11 Accompong
Im Cockpit Country leben die Nachfah-
ren der ehemaligen aufständischen
Sklaven (Seite 66)

12 Y. S. Falls
In der Nähe von Middle Quarters
könnte einst das Paradies gewesen
sein (Seite 67)

13 Jake's
Einmal im Jahr treffen sich in der
wunderschönen Bungalowanlage
Schriftsteller, um über Literatur und
Dichtung zu debattieren (Seite 69)

14 Rick's Cafe
Spektakuläre Sonnenuntergänge
und tolle Partys erleben Sie in Negril
(Seite 74)

15 Long Bay
Palmen, Meer und feiner Sandstrand,
so weit das Auge in Negril sehen kann
(Seite 78)

WAS FÜR EINE INSEL!

Montego Bay

> Kilometerlanger, feinsandiger weißer Strand, verträumte Buchten, türkisfarbenes Meer und sich im Wind wiegende Palmen: So präsentiert sich Jamaika. All-inclusive-Urlauber kommen hier genauso auf ihre Kosten wie Entdeckertypen: Alte Piratenburgen rufen Kindheitserinnerungen wach, Wanderungen durch die Blauen Berge und das untouristische Cockpit County mit seiner ökologisch noch intakten Vielfalt locken. Kleine Boutiquehotels offerieren exklusiven Service, Toprestaurants übertreffen sich mit ihren Fusionküchen. Und dazu noch die Musik: Reggae verzaubert noch immer Alt und Jung.

> In der Reihe vor der Passkontrolle steht ein Mann mit langen Dreadlocks, grauem Zweireiher und Designeraktentasche. Die Reisetasche hebt dann gemächlich ein hoch gewachsener Kofferträger vom Förderband. Wild umrahmen die langen, verfilzten Haare seinen Kopf. Und vor der Abfertigungshalle sitzt eine Gruppe von Rastafaris. Aus ihrem Ghettoblaster tönt rhythmisch Reggae, eine lange, konisch gedrehte Zigarette macht die Runde. Willkommen auf Jamaika!

Die Vorstellung von der Rundumbeschallung à la „Get up, stand up", den Marihuanaqualmwolken über den selten vorhandenen Bürgersteigen, dem *easy going* unter karibischer Sonne, Rasta, Rum und Reggae – und das 24 Stunden am Tag? Wer dieses Zerrbild am Ende seiner Ferienreise mit nach Hause nimmt, hat vergessen, das Land kennenzulernen, versäumt, die bald 11 000 km² Berg- und Küstenlandschaft zu durchstreifen, und es nicht geschafft, einen Zugang zu den Jamaikanern zu finden.

Der Anlass für ein Gespräch ist schnell gefunden. Jamaikaner sind Fremden gegenüber aufgeschlossen und hilfsbereit, aber auch neugierig. Was Sie machen, woher Sie kommen, wohin Sie gehen, wollen sie wissen; ob Ihnen die Insel gefällt und ob Sie wieder kommen.

Der Einfachheit halber werden Touristen wahlweise mit Joe oder Jane angesprochen. Sie brauchen sich also

> **Das ganze Jahr über herrscht ein tropisches Klima**

nicht zu wundern, wenn es quer über die Straße schallt: „Hey Jane!"

Am 18. Breitengrad steht die Sonne fast senkrecht und strahlt aus meist blauem Himmel. Hymnisch einschmeichelnd und zuckersüß besingt Harry Belafonte Jamaika als „Island in the Sun". Das ganze Jahr über

Somerset Falls bei Hope Bay, einer der vielen Wasserfälle der Insel

herrscht ein tropisches Klima, Sommer und Winter unterscheiden sich nur geringfügig voneinander. Nachts kühlt es zwar etwas ab, doch es bleibt angenehm warm. Sanfte Winde lindern allzu große Schwüle, spielen raschelnd in den Kronen der Palmen. Dabei gibt es auch regionale Unterschiede: Im Süden fallen viel weniger Niederschläge als im Norden, die Vegetation ist spärlicher, die Sonne brennt heißer, und mannshohe Kakteen sind keine Seltenheit.

Das Meer ist weiter draußen tiefblau und trägt weiße Häubchen; an der Küste, in geschützten Buchten, ist es spiegelglatt und schillert in vielen Nuancen, mal hellblau, mal türkis. Transparent wie Zellophan, erlaubt es den Blick auf eine karibisch-bunte Unterwasserwelt. Fische in allen Regenbogenfarben umschwärmen vielfältige Korallenformationen und bewachsene Felsen. Heller Sand polstert Teile des Ufers, daneben trotzen

schroffe Klippen dem Ansturm der Fluten. Von Mai bis November können Hurrikans über Jamaika hinwegfegen – ein Wermutstropfen im süßen Tropencocktail.

Eher wild als lieblich-idyllisch ist die Landschaft im Inselinnern. Den Nordwesten beherrscht das Cockpit Country, eine zerklüftete und schwer zugängliche Karstlandschaft, in die sich die Maroons, freigelassene und entflohene Sklaven, einst zurückzogen, um frei zu leben. Im Osten erheben sich die Blue Mountains mit dem Blue Mountain Peak (2256 m). Beide

> **> Sonntage auf Jamaika sind leicht und heiter**

Regionen sind dünn besiedelt, der Anbau von Früchten und Gemüse ist mühsam. Nur Kaffeepflanzen gedeihen gut in den Hochlagen. Der besondere Reiz dieser Berge liegt in ihrer ursprünglichen Wildheit. Bis hoch hinauf gibt es noch an Edelhölzern reiche Wälder, die einst die ganze Insel bedeckten. Die kühle Feuchtigkeit des alles vereinnahmenden Nebels ist spürbar. Von einer zur anderen Sekunde entzieht hier oben die Natur dem Betrachter die gerade noch gewährten Ausblicke. Weder Himmel noch Erde scheinen zu existieren.

Während das Landesinnere oft unerschlossen und unberührt erscheint, zeigen Jamaikas Ufer ein anderes Gesicht. An der Nordküste, in den Orten Montego Bay, Runaway Bay und Ocho Rios, stehen die meisten

WAS WAR WANN?

Geschichtstabelle

Hotels. Die Sandstrände strecken sich in mehr oder weniger großen Buchten aus; viele von ihnen sind den Gästen der dort angesiedelten Hotels vorbehalten. Großen Zuspruchs erfreut sich auch Negril an der Westküste, sein 11 km langer Strand ist der längste der Insel. Den Süden hingegen charakterisieren abgelegene Fischerorte, unberührte Strände und eine junge touristische Infrastruktur. Hier fließen die Flüsse träge durch Mangrovendickicht.

Die Ostküste bietet die meiste Feuchtigkeit, die üppigste Vegetation und die verschwiegendsten Strände auf der ganzen Insel. Port Antonio ist ihr Herz. Einst bedeutender Bananenhafen, dann Tropenidyll für Hollywoodstars, steigen heute in den Pensionen und den wenigen größeren Hotels vor allem Individualtouristen ab. Auf der anderen Seite, mit den Blue Mountains im Rücken, liegt die pulsierende Hauptstadt Kingston. Auf den ersten Blick scheint die Stadt nicht mit Touristen gerechnet zu haben: Die Energie dieser Metropole kann man nicht auf einer Stadtrundfahrt spüren – schon eher bei einem Theater- oder Konzertbesuch. Erst während einer durchtanzten Nacht in einem Musikclub, einem Sonntag am Strand von Hellshire oder auf der Insel Lime Cay lernt man, die angenehmen Seiten der Stadt zu schätzen.

Überhaupt sind Sonntage auf Jamaika heiter und leicht. Damen in pinkfarbenen oder hellblauen Kostümen mit netzbehangenen Hüten eilen zur Messe. Die Straßen rund um die

Gotteshäuser sind mit preisenden Gesängen und Danksagungen erfüllt.

> **Selbst die Jugend gönnt sich einen Ruhetag**

Nach dem Kirchgang besucht man Familie und Freunde, oder man un-

renoviert und zu Museen umfunktioniert. In ihnen lernen Sie auch etwas über die Geschichte des Landes. Die Reichtümer der tropischen Natur werden auf Musterplantagen und in botanischen Gärten erklärt. In jedem größeren Ort gibt es farbenprächtige Märkte. Oder Sie mieten einen Wagen und fahren hinauf in die Hügel.

Der Shell Ginger öffnet seine Blüten

ternimmt zusammen einen Ausflug. Selbst die Jugend gönnt sich einen Ruhetag, denn die Freitag- und Samstagabende dauern häufig bis zum Morgengrauen.

Die Touristenzentren liegen meist in der Nähe der interessanten Ausflugsziele. Einige der ehemaligen Herrenhäuser der Plantagenbesitzer, Great Houses genannt, wurden aufwendig

Streifen durch Dörfer mit phantasievoll bemalten Hütten. Mit Respekt, Freundlichkeit und nicht übermäßig zur Schau gestelltem Reichtum geben solche Ausflüge gerade dem Urlaub auf Jamaika die Würze. *Feel the vibe:* Die Einladung an die ausländischen Besucher ist ausgesprochen, man muss sie nur aufgreifen, sich auf die Schwingungen einlassen, auf Entdeckungsreise gehen.

▶▶ TREND GUIDE JAMAIKA

Die heißesten Entdeckungen und Hotspots! Unser Szene-Scout zeigt Ihnen, was angesagt ist

Barbara Blake Hannah

Die Organisatorin des *Reggae Film Festivals* lebt die Message der Rastafari: Friede und Liebe unter allen Lebewesen. Für sie ist ihre Heimat der schönste Platz auf Erden. Unser Szene-Scout liebt die Natur, das Essen, die Mode – und natürlich auch den Sound der Insel. Um für ihr Festival die beste Auswahl zu treffen, muss sie immer am Puls der Zeit sein und die neuesten Trends kennen.

▶▶ SEIFENKISTENRENNEN

Cool Runnings

Einmal im Jahr steht Jamaika Kopf: Dann findet das spektakulärste Seifenkistenrennen der Welt, das *Red Bull Soapbox Race* statt. Fast das ganze Jahr über wird an den fahrbaren Untersätzen gebastelt. Dabei sind der Kreativität keine Grenzen gesetzt. Bewertet werden neben Aussehen und Schnelligkeit der Konstruktionen auch die besten Showeinlagen (*www.redbullsoapboxrace.com.jm*, Foto). Wegen des großen Erfolgs wurde auch das *Jamaica Pushcart Derby* nach 30 Jahren Pause wiederbelebt und gilt bereits als weiterer Höhepunkt im Jahr (*www.visitjamaica.com*). Das olympische Bob-Team, das auch im Film *Cool Runnings* porträtiert wird ließ sich von diesem Event inspirieren. Kein Wunder, dass auch das neue Bobsleigh Team es noch einmal wissen will: Bei der Winterolympiade 2010 gilt es, die Erfolge von 1988 und 1992 zu toppen (*www.jambob.com*)!

▶▶ BODY COCKTAIL

Schönheit und Entspannung

Das Reinste aus der Natur kommt bei Wellnessanwendungen zum Einsatz. Im *Soothe Spa* des *Rose Hall Resort & Country Club* genießt man unter freiem Himmel inmitten der Ruinen eines Aquädukts aus dem 18. Jh. einen *Ortanique-Floral-Citrus-Wrap*. Die Mischung aus tropischen Blumen und jamaikanischer *Ortanique*, einer Kreuzung aus Orange und Tangerine, sorgt für Entspannung *(Rose Hall Road, Montego Bay, www.rosehallresort.com)*. Mit ätherischen Ölen aus Piment, Ingwer und Orange wird die Haut im *Fern Tree Spa* im *Half Moon Hotel (Rose Hall, Montego Bay, www.halfmoon.com,* Foto) verwöhnt . Ebenfalls der Hit: der *Java-Jive-Scrub* mit gerösteten Kaffeebohnen aus den Blue Mountains *(2 Main Street, Ocho Rios, www.royalplantation.com)* oder der *Jamaica-Rum-Wrap* im *The Rockhouse Spa (West End Road, Negril, www.rockhousehotel.com)*.

▶▶ MODEMACHT

Lässiger Style

Die Insel ist das Zentrum der karibischen Modeindustrie. Jamaikanische Models wie Nadine Willis und Designer wie Jessica Ogden haben sich auch schon international einen Namen gemacht. Sie zieht es alljährlich zu den jamaikanischen Top-Events, der *Style Week Jamaica (www.styleweekjamaica.com)* und der *Caribbean Fashion Week (www.caribbeanfashionweek.com)*, wieder in die Heimat zurück. Wendy Lee Richards and Glenford Laughton feiern mit ihrem coolen T-Shirt-Label *La Pluma Negra* große Erfolge *(96 Hope Road, Kingston 6, www.plumanegra.com,* Foto). Shoppingtipp: Bei *Lee's Fifth Avenue* gibts die Entwürfe von lokalen Designern wie die lässigen Männerkollektionen von Bill Edwards *(z. B. in Kingston: Tropical Plaza, 12–14 Constant Spring Road, www.leesfifthavenue.com)*.

▶▶ FRAUENPOWER

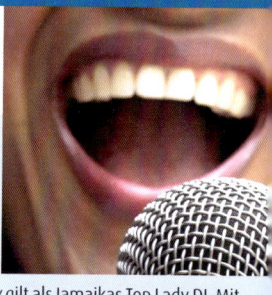

Ladys ans Mikro

Männer, zieht Euch warm an! Jamaikas Frauen mischen die Musikindustrie auf. *Timber-Lee Heaven* ist der neue Star der Dancehall Szene. Mit ihrer Single *Bubble like Soup* hat sie sich an die Spitze der Charts katapultiert *(www.myspace.com/timberlee)*. *Lady Saw* gilt als Jamaikas Top Lady DJ. Mit fünf Alben ist sie die „Queen of Dancehall Reggae Musik" und hat sich auch schon international einen Namen gemacht *(www.ladysaw.net)*. Der neue Star aus Kingston, *Tami Chynn,* steht für ausgewählte Dancehall Tunes *(www.tamichynn.com)*. Der Hotspot für Livemusik ist *Up on D' Roof* in Kingston *(73 Knutsford Boulevard)*.

▶▶ ABRÄUMER

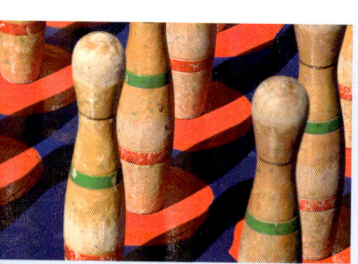

Retro-Bowling

Skittles, ein altes Kegelspiel aus England, gilt als Ursprungsform des Bowling. Dabei werden zehn Kegel mit einer Holzkugel ohne Fingerlöcher abgeräumt. In den Sportkneipen, wie der *Bejons Sports Bar (Hughenden Plaza, Portmore)* oder der *Mystix Sports Bar (78 3/4 Hagley Park Road, Kingston)*, erlebt *Skittles* sein Comeback – auch als Zuschauersport. Infos zu den Spielen der Top-Teams der *Jamaican Wray & Nephew Skittles Federation* gibts auf *www.sportsjamaica.com.*

▶▶ ALLES ÖKO

Zum Erhalt der Insel

Das gestiegene Umweltbewusstsein setzt sich nun auch im Tourismus immer mehr durch: Bei der Errichtung des Eco-Parks *Mystic Mountain (Drax Hall bei Ocho Rios, www. mysticmountainjamaica.com)* wurde auf den Schutz der rund 28 000 Bäume und der 55 dort lebenden Tierarten geachtet. *Great Huts* ist ein kleines Paradies im Nordosten der Insel. Man übernachtet dort umweltfreundlich und im Einklang mit der Natur in Zelten, Hütten oder Baumhäusern *(Boston Beach, www.greathuts.com)*. Auch das Hotel *Lime Tree Farm* hat sich dem nachhaltigen Lifestyle und lokalen Produkten verschrieben *(Lime Tree District, Big Pear Tree P A, Nr Mavis Bank, www.limetreefarm.com, Foto)*.

▶▶ HIGH-SPEED-SPASS

Abenteuer à la Indiana Jones

Ziplining steht bei den Sportfans der Insel hoch im Kurs. Mit Gurt, Karabiner und an einem Stahlseil befestigten Rollen saust man über Flüsse, tropische Täler und zwischen Baumkronen hindurch. Gleichzeitig lernt man alles über Flora und Fauna. Bei *Jamaica Zipline Adventure Tours* geht es über fünf *Ziplines* und eine Dschungelbrücke. Die letzte *Zipline* ist mit rund 490 m die längste der Karibik, auf der man bis zu 65 km/h erreichen kann (*Lethe Estates, Lethe, www.zipline-tours.com*, Foto). *The Original Canopy Tour* organisiert zwei Touren durch den Regenwald oder den *Cranbrook Flower Forest:* Von Plattform zu Plattform rutscht man, an einem Seil befestigt, rund 13 m über der Erde über den *Great River,* einen 150 Jahre alten Damm, oder die *Laughlands-River-Schlucht (Montego Bay, www.canopytour.com).* Eine rund 170 m lange und eine 340 m lange Strecke stehen bei *Jamaica Excursions* auf dem Programm, sowie der Freefall, der den freien Fall simuliert (*Buchung unter www.jamaicacruiseexcursions.com*).

▶▶ MOVIEMANIA

Die Filmbranche boomt

Die Insel entwickelt eine eigene Filmszene und fördert den Nachwuchs. Jungregisseur Storm Saulter hat bereits mit seinem zweiten Film „Better Mus Come" zahlreiche Preise gewonnen, u. a. auf dem *Flash Point Film Festival.* Die Veranstaltung richtet sich an diejenigen, die Dokumentationen, Trickfilme und Musikvideos vor Ort produzieren (*www.flashpointfestival.com*). Aktuell will das *Reggae Film Festival* die jamaikanische Kultur mit Hilfe von Filmen promoten (*www.reggaefilmfestival.com*, Foto). Kinofans zieht es ins Carib 5 (*Cross Roads, Kingston 5, www.palaceamusement.com*).

Ein kleines Brevier, um Kultur, Religion und Alltag der
Jamaikaner besser zu verstehen

BEVÖLKERUNG

„Out of many, one people", aus vielen ein Volk, beschwört als Motto die
nationale Einheit. Die rund 2,8 Mio.
zumeist dunkelhäutigen Jamaikaner
haben viele ethnische und kulturelle
Wurzeln. Nach der Ausrottung der
Urbewohner, der Tainos, leben heute
überwiegend Nachfahren der aus
Westafrika verschleppten Sklaven
auf der Insel. Sie vermischten sich
mit Einwanderern aus Europa, Ostin-
dien, China und Vorderasien.

DANCEHALL

Dancehall entstand in den Diskos der
Insel. *Talker* oder *Chatter* sprachen
während der Musik übers Mikrofon.
In dem rhythmischen Sprechgesang
sehen viele Jamaikaner einen Vorläu-
fer des Rap. Der *Mic Chatter* oder
Deejay – nicht zu verwechseln mit

Bild: Strandbar in Negril

STICH WORTE

dem Plattenaufleger – hatte die Aufgabe, mit Hilfe seines Mikrofons einen Dance aufzubauen. Dancehall thematisiert den Alltag in den Ghettos, Sexualität, Gewalt und die kleinen und großen Lieben des Lebens.

FAUNA

Fledermäuse sind weit verbreitet, die Vogelwelt ist vielfältig inklusive einer Reihe von endemischen Arten.

Der Nationalvogel *Doctor Bird* gehört zu den Schwalbenschwanzkolibris und bekam seinen Namen angeblich, weil er mit dem Schnabel Nektar aus Blumen zieht und an einen Arzt erinnert, der mit einer Pipette hantiert. Und der große Truthahnbussard wurde *John Crow* getauft. Seine Schwanzfedern sollen den Rockschößen der Soutane eines gleichnamigen Pfarrers geähnelt haben. Tagsüber flattern Schmetterlinge umher, nachts leuchten die *fire-flies,* Glühwürmchen. Im Süden sind einige *manatis* (Seekühe) und Krokodile zu Hause – heute streng geschützt.

FLORA

Flamboyant (seine Blüten erinnern an ein Flammenmeer), Bougainvillea und Hibiskus setzen dem üppigen Grün der Vegetation leuchtende Farbtupfer auf. Ursprünglich bedeckte Wald fast die ganze Insel. Die Tainos nannten die Insel *Xaymaca,* Land des Waldes und des Wassers. Heute sind weniger als 25 Prozent Jamaikas bewaldet.

Zum Schutz des Baumbestands wurde 1992 der *Blue Mountain National Park* eingerichtet. Mit weit ausladenden Ästen spendet der Baumwollbaum *(ceiba)* Schatten. Er kann bis zu 300 Jahre alt werden. Am Pimentbaum wächst der Jamaikapfeffer, auch Nelkenpfeffer genannt, der zugleich nach Zimt, Muskatnuss und Pfeffer schmeckt. Der *Ackee tree* trägt das ganze Jahr über rote Früchte, die erst geschält und gekocht genießbar werden und Nationalspeise sind.

Kolumbus landete 1494 auf der Insel

GEOGRAFIE

Jamaika gehört mit Kuba, Hispaniola und Puerto Rico zu den Großen Antillen. Mit 10 990 km^2 ist Jamaika die drittgrößte Karibikinsel, halb so groß wie Hessen. Die nächsten Nachbarn Kuba und Haiti liegen ungefähr 150 km nördlich bzw. östlich.

Die Ost-West-Ausdehnung Jamaikas beträgt etwa 235 km, die Nord-Süd-Ausdehnung zwischen 35 und 80 km. Auf vulkanischem Faltengebirge breiten sich tropische Wälder und zerklüftetes Karstgebirge, Wiesen und fruchtbare Felder aus. Unzählige Flüsse, Wasserfälle, Tropfsteinhöhlen und eine abwechslungsreiche Küste machen Jamaika zu einer der schönsten Inseln der Karibik.

KOLONIALZEIT

Nachdem Kolumbus 1494 Jamaika entdeckt hatte, gründeten erste spanische Siedler 1510 Sevilla la Nueva an der Nordküste. 1655 landete im Hafen von Kingston eine englische Flotte und eroberte die Insel. Der spanische Versuch, Jamaika den Engländern wieder abzujagen, scheiterte 1658 blutig. Das schon von den Spaniern eingeführte Zuckerrohr begründete den Reichtum der britischen Kolonialherren. Ende des 17. Jhs. war Jamaika ein zentraler Umschlagplatz für den Menschenhandel. Zwar wurde dieser am 25. März 1807 in den britischen Kolonien offiziell beendet. Aber es bedurfte noch eines von Sam Sharpe angeführten Aufstands, bis 1838 die Sklaverei endgültig abgeschafft wurde.

KUNST & KULTUR

Wachsendes Nationalgefühl in den 1930er- und 40er-Jahren beeinflusste nachhaltig die Künstler. Sie ließen sich von der Farbenpracht und der darstellerischen Tradition der vor allem afrikanischstämmigen Bevölkerung inspirieren. Edna Manley, eine von den Briten anerkannte und privilegierte Malerin, unterstützte die neue Kunstbewegung.

BOB MARLEY

Geboren wurde Robert Nesta Marley am 6. 2. 1945 in Nine Mile, St. Ann. Er wuchs in Trenchtown, einem Vorstadtghetto von Kingston, auf. 1961 nahm er seinen ersten Song auf. Zwei Jahre später gründete er mit Peter Tosh und Bunny Wailer die Wailers. Songs wie „Stir it up", „I shot the sheriff" und „Get up, stand up" machten ihn und den Reggae weltweit berühmt. Der Rastafari prangerte in seinen Liedern die sozialen Missstände auf Jamaika an und trat für die Rechte der Schwarzen und Unterdrückten ein. Er starb am 11. Mai 1981 an Krebs und wurde in Nine Mile beigesetzt.

MIGRATION

Wer kann, haut ab: vom Dorf in die Armutsslums der Großstädte – und

> MEET THE PEOPLE

Hier können Sie Jamaikaner ganz privat kennenlernen

Sie möchten einen Lehrer treffen und sich bei ihm über das jamaikanische Erziehungssystem informieren? No problem. Sie suchen einen Golfpartner vor Ort? Das Tourist Board hilft. *Meet the People (http://meetthepeople.visitja maica.com)* heißt das Programm, um Jamaika von seiner privaten Seite kennenzulernen. Sie nennen Ihren Beruf, Ihr Alter, Hobby oder einen speziellen Wunsch, was Sie gern unternehmen möchten. Das Tourist Board organisiert daraufhin innerhalb weniger Tage ein Treffen. Das Programm ist kostenlos, doch ist ein Gastgeschenk aus dem eigenen Land eine nette Geste. Ein Tipp: Jamaikaner lieben Süßigkeiten, besonders gute Schokolade.

dann gen Norden. Wer Verwandte in Großbritannien hat, versucht, eine Einladung zu ergattern – und „vergisst" dann, heimzukehren. Auch die glitzernden Neonversprechungen in New York ziehen jamaikanische

Youngsters magisch an. Mehr als 1 Mio. leben im „Land der unbegrenzten Möglichkeiten" – viele von ihnen illegal. Etwa 1,4 Mia. US$ werden jährlich an die zurückgebliebene Verwandtschaft als Unterstützung überwiesen.

PATOIS

Patois ist neben der offiziellen Landessprache Englisch die Sprache der Einheimischen, ein rhythmisches Gemisch aus afrikanischen Dialekten, versetzt mit portugiesischen, spanischen und englischen Ausdrü-

cken. Britische Begriffe aus dem 17. Jh. haben sich halten können, und weil Patois noch eine lebendige Sprache ist, bringt sie ständig neue Wortschöpfungen hervor. Ein Ausdruck, mit dem man sich auf Jamaika sofort Freunde schafft, heißt: „Jeh mon!" und meint: „Natürlich, klar, o.k." Mit der Rastafari-Religion entstanden neue Worte wie „I-tal" (natürlich, im Sinn von Leben spendend) und „I-rie" (alles in Ordnung).

POLITIK

Jamaika ist seit der Unabhängigkeit 1962 Mitglied des Commonwealth, die Queen von England somit nominelles Staatsoberhaupt. Sie wird durch einen Generalgouverneur vertreten, der den Senat und den Premierminister ernennt. Die Gesetzgebung liegt in den Händen des Repräsentantenhauses. Es besteht aus 60 Mitgliedern und wird auf fünf Jahre gewählt.

RASTAFARI-BEWEGUNG

Zurück zu den afrikanischen Wurzeln, auf seine schwarze Hautfarbe stolz sein und nicht mehr den Weißen dienen: Mit diesem Credo zog in den 1920er-Jahren der jamaikanische Sozialreformer Marcus Garvey (1887–1940) durchs Land. Als seine Prophezeiung eines schwarzen Königs 1930 mit der Krönung von Haile Selassie Ras Tafari zum Kaiser von Äthiopien tatsächlich eintrat, war die Rasta-Bewegung geboren. Die Rastafaris sehen in Haile Selassie den direkten Nachfahren von König Salomon. Er trägt den Beinamen „siegreicher Löwe vom Stamm Juda". Die Löwenmähne aus ungekämmten und ungeschnittenen Haaren, *dreadlocks* genannt, ist äußeres Erkennungsmerkmal der Rastafaris. Wahre Rastafaris leben zurückgezogen, ernähren sich weitgehend vegetarisch und trinken keinen Alkohol. *Ganja* (Marihuana) ist für sie das Kraut des Heils und, obwohl verboten, für die Meditation unverzichtbar.

REGGAE

Soziale, politische und spirituelle Inhalte bestimmten die Texte der in den Ghettos von Kingston geborenen Musik. Rap- und Hip-Hop-Elemente kamen hinzu. Das Ergebnis wird Raggamuffin genannt. Eine Art Sprechgesang wird zur Musik mit dröhnenden Bässen sozusagen „ver-

backen". Daneben erlebt der klassische Roots-Reggae eine Renaissance. Zu den Stars der Szene gehören Luciano, Beres Hammond, Buju Banton, Mortan Heritage, Gregory Isaacs u. a.

WIRTSCHAFT

Wichtigster Devisenbringer ist der Tourismus, gefolgt von Erträgen des Bauxitabbaus, der Zuckerrohrverarbeitung und den Überweisungen der Überseejamaikaner. Wichtige Grundstoffe müssen importiert werden, die Auslandsschulden steigen, und der Jamaika-Dollar verliert im Vergleich zum US-Dollar ständig an Wert. Die Arbeitslosenquote beträgt mehr als 15 Prozent. Vor allem Jugendliche, die fast die Hälfte der Bevölkerung ausmachen, sind betroffen. Über 30 Prozent von ihnen sind arbeitslos.

> DAS KLIMA IM BLICK
Handeln statt reden — atmosfair

Reisen bereichert und verbindet Menschen und Kulturen. Jedoch: Wer reist, erzeugt auch CO_2. Dabei trägt der Flugverkehr mit bis zu 10 % zur globalen Erwärmung bei. Wer das Klima schützen will, sollte sich somit nach Möglichkeit für die schonendere Reiseform (wie z. B. die Bahn) entscheiden. Wenn keine Alternative zum Fliegen besteht, so kann man mit *atmosfair* handeln und klimafördernde Projekte unterstützen.

atmosfair ist eine gemeinnützige Klimaschutzorganisation.

Die Idee: Flugpassagiere spenden einen kilometerabhängigen Beitrag für die von

ihnen verursachten Emissionen und finanzieren damit Projekte in Entwicklungsländern, die dort helfen den Ausstoß von Klimagasen zu verringern. Dazu berechnet man mit dem Emissionsrechner auf *www.atmosfair.de* wie viel CO_2 der Flug produziert und was es kostet, eine vergleichbare Menge Klimagase einzusparen (z. B. Berlin-London-Berlin: ca. 13 Euro). *atmosfair* garantiert, unter der Schirmherrschaft von Klaus Töpfer, die sorgfältige Verwendung Ihres Beitrags. Auch der MairDumont Verlag fliegt mit *atmosfair*.

Unterstützen auch Sie den Klimaschutz: *www.atmosfair.de*

JEDE WOCHE EINE NEUE PARTY

Für Jamaikaner ist jeder Freitag ein Feiertag; und dann gibt es ja noch Karneval, Reggae Sumfest und mehr ...

> Freitag und Samstag sind die Ausgehtage auf Jamaika. Abends werden lässigschicke Kleider angezogen, und los gehts. Zuerst zum Lieblings-Jerk-Stand und viel später dann in die Diskothek, zu einer Strandparty oder einem Reggae-Konzert. Wer es ruhiger mag, flaniert umher und geht mit Freunden essen. Der Sonntag gehört der Familie. Man isst ausgiebig miteinander, fährt an den Strand, lacht, scherzt und vergnügt sich. Lebhaft geht es Weihnachten zu. Selbst Jamaikaner, die schon lange im Ausland leben, versuchen, die Festtage auf der Insel zu verbringen. Am 25. Dezember trifft sich die Familie zum Frühstück. Nach dem Kirchgang werden die Geschenke verteilt. Abends steigen Raketen auf, und die ganze Nacht ist Partytime.

◼ FEIERTAGE ◼

1. Jan. *New Year's Day* (Neujahr); **Ash Wednesday** (Aschermittwoch); **Good Friday** (Karfreitag); **Easter Monday** (Ostermontag); **23. Mai** *Labour Day* (Tag der Arbeit); **1. Aug.** *Emancipation Day* (Emanzipationstag); **6. Aug.** *Independence Day* (Unabhängigkeitstag); **3. Montag im Oktober** *National Heroes Day* (Tag der Nationalhelden); **25. Dez.** *Christmas Day* (Weihnachten); **26. Dez.** *Boxing Day* (2. Weihnachtstag)

◼ FESTE UND VERANSTALTUNGEN ◼

Januar

⭐ Am 6. Januar wird mit dem *Maroon Festival* in Accompong die Unterzeichnung des Friedensvertrags zwischen der Regierung Jamaikas und den Maroons gefeiert. Nach den Zeremonien gibt es ein großes Straßenfest.

Februar

Am 6. Februar, dem Geburtstag Bob Marleys, wird in verschiedenen Orten zu seinen Ehren der *Bob Marley Birthday Bash* gefeiert.

Aktuelle Events weltweit auf www.marcopolo.de/events

> EVENTS
FESTE & MEHR

April

⭐ Der *Jamaica Carnival* findet meistens am Anfang des Monats statt. Mehrere Tage lang spielen dann Calypso- und Soca-Bands, farbenprächtig kostümierte Musiker und Tänzer paradieren durch Kingston, Montego Bay, Negril und Ocho Rios *(www.jamaicacarnival. com)*.

Mai

Ein Geheimtipp für englischsprachige Literaturfreunde ist das ▶▶ *Calabash International Literary Festival* im Hotelresort Jake's in Treasure Beach, *www. calabashfestival.com*.

Juni

Beim *Ocho Rios Jazz Festival* jazzen Künstler aus aller Welt eine Woche lang von morgens bis abends: Jazz total *(www.ochoriosjazz.com)*.
An der Wiege des Jerk, am Boston Beach, stellen Jerk-Food Köche aus ganz Jamaika ihre Würz- und Grillfertigkeiten unter Beweis.

Juli/August

Das ⭐ *Reggae Sumfest* in Montego Bay ist eine Institution im Festkalender. Auf dem fünf Tage und Nächte dauernden Sum(mer)fest treten die meisten der derzeitigen Reggae-Stars auf *(www. reggaesumfest.com)*.
⭐ *Independence Day* (6. Aug.): Die Unabhängigkeit wird mit einer aufwendigen Parade in Kingston offiziell gefeiert.

Oktober

Echt deutsche Weißwürste und Leberkäse gibt es auf dem *Oktoberfest*, veranstaltet von der *Jamaica German Society*.

Dezember

Seit 2000 findet am ersten Samstag des Monats der ▶▶ *Reggae Marathon* in Negril statt. Gestartet wird – auch über die halbe Distanz – bereits in den frühen Morgenstunden. Anmeldung und Informationen unter *www.reggaemara thon.com*

> JERK FOOD AUS DER TONNE

Die jamaikanische Küche ist scharf gewürzt, deftig und hochprozentig

> **Würziger Rauch dringt durch einen Spalt aus dem Bauch einer rußig-schwarzen Blechtonne auf einem dünn-beinigen Eisengestell. Überall an Jamaikas Straßen stehen diese ausgedienten Ölfässer.**

Sie qualmen vor allem nachmittags und bis in den Abend hinein und am Wochenende den ganzen Tag. In ihrem Innern brutzelt und räuchert gleichzeitig scharf mariniertes Schweine- und Hähnchenfleisch. *Jerk pork* und *jerk chicken,* allgemein *Jerk Food* genannt, sind eine echt jamaikanische Spezialität. Abends sind die Tonnen oft beliebte Treffpunkte, auch für solche, die gerade kein Geld für einen Hähnchenschenkel haben. Gewürzt mit Pfeffer, *allspice* (Piment oder Jamaika-Pfeffer genannt), Zimt, Muskat sowie Kräutern gart das Fleisch langsam über einem Feuer aus Pimentholz und nimmt so den unverwechselbaren Geschmack an. Zuerst von den

> *www.marcopolo.de/jamaika*

ESSEN & TRINKEN

Maroons in Erdmulden zubereitet, breitete sich das Gericht von Osten her über die ganze Insel aus. Boston Bay bei Port Antonio gilt unumstritten als Jerk-Hochburg. Jede Stadt besitzt neben den Straßenständen mindestens ein *Jerk Centre,* eine Art Imbissrestaurant. Man bestellt am Schalter die gewünschte Gewichtsmenge in Pfund. Wer es richtig scharf mag, probiert noch eine der Saucen, die oft nach einem Geheimrezept hausgemacht sind. Bei den meisten *Jerk Centres* stehen Tische und Bänke für den sofortigen Verzehr bereit. So eine Mahlzeit ist rustikal, preiswert, schmackhaft und typisch jamaikanisch – gegessen wird mit den Fingern.

Kleine, lokale Restaurants bereiten originale Hausmannskost zu. Die Einrichtung ist schlicht bis spartanisch, das Menü oft mit Kreide auf einer Tafel notiert. Das kostspieligste

Gericht auf den Speisekarten ist meist *lobster*, gemeint sind allerdings immer Langusten.

Mehrgängige Menüs sind in einfachen Gaststätten nicht üblich. Das Hauptgericht wird mit Beilagen auf einem Teller serviert, vorweg oder gleichzeitig eine Tasse Fleisch- oder Fischbrühe, *tea* genannt, oft im Preis eingeschlossen. Einige wenige Restaurants im Land haben inzwischen eine Art „Nouvelle Cuisine von Jamaika" mit landestypischen Produkten und verfeinerter Zubereitung auf der Grundlage traditioneller Rezepte kreiert.

> SPEZIALITÄTEN

Genießen Sie die typisch jamaikanische Küche!

■ SPEISEN ■

ackee and saltfish – gekochte Ackeefrüchte mit kleinen Brocken Stockfisch, typisches Frühstück

bammy – in Fett gebackenes Fladenbrot aus Maniokwurzelmehl, auch *kassava* genannt

breadfruit – Brotfrucht. Das Fruchtfleisch ist gelblich, fest. Sie wird zuerst gekocht und dann vorzugsweise geröstet. Sehr sättigend

callaloo – spinatähnliches Blattgemüse, eine Art Mangold

cho cho – birnenförmiges, weichstacheliges Gemüse

curry goat – Ziegenragout mit vielen kleinen Knochenstückchen in Currysauce

escoveitch fish – gebackener Fisch mit eingelegtem Gemüse

Festival – leicht süßliche, in Fett ausgebackene Teigwaren aus Maismehl. Beliebt als Beilage zu *Jerk Food*

janga – Suppe aus Flusskrebsen

Johnny cakes – frittierte Teigbällchen

lobster – Langusten klassisch oder pikant mit Curry zubereitet (Foto)

peppered shrimps – in einer scharf gewürzten Brühe gekochte Flusskrabben

Pickapeppa Sauce (Jamaica Hell Fire) – scharfe Würzsauce

pumpkin soup – Kürbissuppe mit Corned Beef und Yams-Wurzeln

rundown – würziger Makreleneintopf, in Kokosmilch gegart

Solomon Grundey – scharf gewürzter, eingelegter Hering

stam and go – knackig gebratene Kabeljaustücke

■ GETRÄNKE ■

sorrel – das dunkelrote Getränk wird aus Blüten gewonnen, schmeckt erfrischend süßlich-herb und kann mit einem Schuss Rum verfeinert werden

Tia Maria – der berühmte, nach Kaffee schmeckende Likör

ting – Limonade auf der Basis von Grapefruit

Während in den Hotels Toast, Butter, Eier, gebratener Schinken, frische Säfte und Obst gereicht werden, ziehen Jamaikaner etwas kräftigeres vor: das Nationalgericht *ackee and saltfish.* Den Hunger zwischendurch stillen *hot patties,* mit Fleisch oder Gemüse gefüllte, würzige Teigtaschen, die in Bäckereien verkauft werden.

Das tropische Klima und würzigscharfe Speisen machen durstig. Erfolgreicher als mit Softdrinks lässt sich eine trockene Kehle mit dem Fruchtwasser einer Kokosnuss bekämpfen, die an den Straßen angeboten wird. Nachdem die Nuss ausgetrunken wurde, benutzt man ein Stückchen Schale als Löffel, um das Fruchtfleisch auszukratzen: einfach köstlich! Wer es kräftiger mag, greife zu einem kühlen *Red Stripe,* so heißt die einheimische Biermarke. Der *Blue Mountain Coffee* zählt zu den besten Kaffeesorten der Welt. Leider ist nicht aller Kaffee, der auf Jamaika ausgeschenkt wird, wirklich *Blue Mountain Coffee.*

Jamaika-Rum ist neben Reggae wohl das bekannteste Exportgut. Zwei Grundtypen gibt es: den braunen, der mehr oder weniger lange in Holzfässern reift, und den weißen, ungelagerten, der so stark ist, dass Jamaikaner ihn meist mit ein wenig Wasser verdünnen.

Es lohnt sich, in den Bars zum Beispiel nach einem *V/X* zu fragen. Der ist allerdings viel zu schade, um in einer Cola ertränkt zu werden. Wenn Sie einen weißen *Overproof* bestellen, mit etwas Wasser oder Eis und Limone, dann kann es sein, dass ein Funke Anerkennung in den Au-

gen des Barkeepers aufflackert – Jamaikaner trinken fast ausschließlich den starken weißen Rum.

Natürlich wird Rum auch zu diversen Cocktails gemixt, doch pur ist er

Zum Mixen zu schade: V/X-Rum

einfach am besten. Für Schleckermäuler hat Jamaika einige sehr delikate Liköre zu bieten: Neben den bewährten Varianten mit Rum ist *Tia Maria* der berühmteste, er schmeckt nach Kaffee.

Zum Abschluss sei ein stärkender „Zaubertrank" erwähnt, auf den Jamaikaner schwören. *Irish Moos* ist ein durch und durch gesundes Getränk aus gekochten Meeresalgen. Es wird mit gesüßter Kondensmilch und Muskatnuss gemixt und als Vorbereitung für eine Liebesnacht getrunken.

GENÜSSE FÜR ZU HAUSE

Neben schönem Kunsthandwerk und aktuellen Reggae-CDs
sind Kaffee und Rum beliebte Mitbringsel

> Die Geschäfte öffnen im Allgemeinen von Montag bis Freitag um 8.30 oder 9 Uhr und schließen gegen 16.30 bzw. 17 Uhr. Manche sind auch am Samstagvormittag geöffnet, dafür ist dann ein Nachmittag in der Woche, häufig der Donnerstag, geschlossen. Märkte haben meistens montags bis samstags von 6 bis 18 Uhr geöffnet. Dabei werden die offiziellen Feiertage strikt eingehalten.

◼ BLUE MOUNTAIN COFFEE ◼

Wer per Internet den Kaffee aus den Hochlagen der Blauen Berge in Deutschland bestellt, muss rund 50 Euro pro Pfund (454 g) bezahlen. Vor Ort liegt der Preis zwischen 10 und 20 Euro. Aber Achtung: In den Supermärkten in Jamaika wird nur selten die beste, erste Qualität verkauft.

◼ CRAFT MARKETS ◼

Ganze Armeen hölzerner Gesellen sind am Straßenrand aufmarschiert: geschnitzte Köpfe mit Dreadlocks, Hähne und Fische, bunt bemalt oder glänzend lackiert. Sie begegnen Ihnen auf der ganzen Insel, vor allem auf den Handwerkermärkten, den sogenannten *Craft Markets,* in den Touristenorten. Dort werden auch Korbwaren und andere Souvenirs angeboten – sie sind allesamt nicht besonders originell und zigfach kopiert. Wer Geduld hat, findet Ausgefallenes wie schön gearbeitete, schlichte Holzschalen, skurrile Skulpturen oder filigran verzierte Kalebassen, die auch als Rasseln oder Umhängetäschchen dienen.

◼ IRIE FASHION ◼

Schrill, mit Mut zur Farbe und ungewöhnlichen Stoffkombinationen und Schnitten erregen Mann und Frau Aufmerksamkeit. Einige junge jamaikanische Modedesigner haben sich das zu Herzen genommen: In kleinen Ateliers entsteht die Irie Fashion von *Cooyah Designs, Cath A Fire, Lee's* und *Collectables.* Trendsetterläden sind jedoch Fehlanzeige – allerdings finden sich rund Half Way Tree eine Reihe von Modege-

> EINKAUFEN

schäfte, die die neueste Mode führen. Reggae- und Rastafans können sich von Kopf bis Fuß in die äthiopischen Farben Rot, Gold und Grün kleiden, inklusive passender Accessoires wie gehäkelte Wollmützen, Gürtel und Taschen.

MUSIK

Brandaktuelle Reggaemusik können Sie in Profiqualität in den zahlreichen Plattenläden im Land kaufen oder auch als CDs von ungewisser Qualität bei Straßenhändlern erstehen.

MUSIKINSTRUMENTE

Billige Musikinstrumente im Land des Reggae werden an vielen Orten angeboten und landen zu Hause oft in der Rumpelkammer. Besser, aber auch teurer: Rasta-Mann *Lion Claw* bietet handgemachte Spitzentrommeln an. Die mit Fell bezogenen Hohlkörper fertigt er aus Kokospalmholz, Mahagoni oder dem Brotfruchtbaum. Eine etwa hüfthohe Conga kostet rund 400 US$. *Negril, am Rondell*

RUM

Das Flaggschiff der einheimischen Rumproduktion ist sicherlich der 10 Jahre gereifte V/X Jamaica Rum. Von besserer Qualität und entsprechend teurer sind der 12 Jahre alte „Reserve", der „21 Year Old" und dann, als absolutes Spitzenprodukt, der 30 Jahre gereifte „Master Blender's Legacy". Der vollmundige Geschmack eines älteren Jahrgangs hält die Erinnerung an Jamaika intensiv aufrecht.

SAUCEN FÜR JERK FOOD

Verfeinern sie das schlichte heimische Grillhähnchen zu einem *jerk chicken*. Die am Straßenrand verkaufte hausgemachte Sauce sorgt für die entsprechende Würze. Die beste gibt es in Boston Bay. Aber auch in den Regalen der Supermärkte finden Sie eine große Auswahl an originalen Jerk-Saucen zum Marinieren.

> HIER GEFIEL ES NICHT NUR KOLUMBUS

Feine Sandstrände und ein touristisches Allroundprogramm locken an die Nordküste

> Hellgrüne Teppiche aus Viehweiden und Zuckerrohrplantagen breiten sich entlang der Küste aus. Einzelne Kokospalmen ragen hoch in den Himmel, und in ihrem Schatten grasen friedlich braune Kühe. Im Hintergrund schimmern Büsche und lichte Wälder auf sanften Hügelketten grau- und silbriggrün.

Der Norden Jamaikas ist touristisch am besten erschlossen. Kilometerlange Strände gibt es hier zwar nicht, aber sandige Buchten wechseln sich mit felsiger Küste ab. Weiter oben in den Hügeln liegen verstreut die Dörfer der Landbevölkerung. Sie muss sich vom Ertrag der kleinen Felder in oft schwer zugänglichem Gelände ernähren: Bananen, Yams und ein paar Früchte wachsen rund um die Hütte. Ziegen, die fast überall entlang der Straßen zu sehen sind, liefern Fleisch. Ein karges Auskommen. Die Nordküste erscheint verhältnismäßig wohlhabend. Der Abbau von Bauxit

Bild: Montego Bay

DER NORDEN

und der Tourismus tragen dazu bei. Auf dem Land herrscht dagegen nach wie vor Armut.

MONTEGO BAY

 KARTE IN DER HINTEREN UMSCHLAGKLAPPE

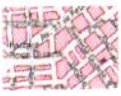

[111 E–F1] **Der Sir Donald Sangster International Airport ist für die meisten Besucher das Tor zu Jamaika.** Trotzdem ist MoBay, wie die Jamaikaner ihre zweitgrößte Stadt kurzerhand nennen, keine künstliche Urlauberenklave. *Downtown*, das quirlige Stadtzentrum der offiziell rund 83 000 Einwohner beherbergenden Metropole, ist eine Mischung aus Alt und Neu, modernen Betonhäusern und einfachen Holzhütten, mit verstopften Straßen, vielen kleinen Läden und noch mehr fliegenden Händlern. Die sozialen Gegensätze prallen hier aufeinander. Am Abend sollten Sie

MONTEGO BAY

Tourismuszentrum und geschäftige Großstadt: Montego Bay

beim Besuch eines Restaurants in *downtown* den meist angebotenen Shuttledienst der Lokale nutzen oder ein Taxi nehmen.

Tourismus ist die wichtigste Einnahmequelle der Stadt und MoBay das größte Urlaubszentrum an der Nordküste. Die Lebensader, die *Gloucester Avenue* und in ihrer Fortsetzung die *Kent Avenue* mit ihren Restaurants, Bars und Läden wird kurz *hip strip* genannt.

■ SEHENSWERTES ■

Historische Bauten sind im Zentrum der Stadt kaum erhalten geblieben – verheerende Feuersbrünste in den Jahren 1795 und 1811 haben dafür gesorgt.

THE CAGE

An die Zeit, als Sklaven wie Vieh auf den Plantagen der Weißen schufteten, erinnert der „Käfig". Das kleine Gebäude aus Klinker und Feldsteinen wurde 1806 errichtet. In dem vergitterten Verlies auf dem Sam Sharpe Square wurden einst „Landstreicher, Betrunkene, geflüchtete und nach der Sperrstunde aufgegriffene Sklaven" eingesperrt. Sonntags ab 15 Uhr hatte MoBay damals sklavenfrei zu sein.

ST. JAMES PARISH CHURCH

Sie gilt als die hübscheste Kirche der Insel. Der Grundstein für die ehemalige Distriktkirche wurde 1775 gelegt. Ihre Kalksteinmauern sind ein besonders gelungenes Beispiel spätgeorgianischen Baustils. *Church Street/Payne Street*

SAM SHARPE MEMORIAL

Direkt neben The Cage befindet sich das Denkmal für Sam Sharpe, den Kämpfer für die Sklavenbefreiung. Das vom Bildhauer Kay Sullivan in Bronze gegossene Figurenensemble zeigt Sharpe im Kreis afrikanischer Sklaven. Die von ihm 1831 mit initiierte Weihnachtsrebellion wurde blutig niedergeschlagen, mehr als 1000 Teilnehmer hingerichtet. Sam Sharpe wurde auf dem Platz aufgehängt, der heute seinen Namen trägt.

TOWN HOUSE

Das Gebäude aus dem Jahr 1765 hat eine bewegte Geschichte hinter sich: erst Stadtvilla eines begüterten Kaufmanns, dann Pfarrhaus der St. James Parish Church, später Freimaurerloge, Synagoge und Hotel.

■ ESSEN & TRINKEN

DAY-O PLANTATION

Der jamaikanische Musiker Paul Hurlock taufte sein Restaurant nach dem berühmten Ohrwurm von Harry Belafonte. Als Teil einer alten Plantage liegt es außerhalb von MoBay in den üppig grünen Hügeln. Große Fenster und viel Holz sorgen für Atmosphäre. Auf der Karte stehen Gerichte der gehobenen jamaikanischen und internationalen Küche. Kostenloser Shuttleservice. *1 Fairfield Main Road, St. James | Tel. 952 18 25 | Mo und mittags geschl. | €€–€€€*

THE NATIVE ★ ☆

Gespeist wird unter freiem Himmel auf einer schön gestalteten Terrasse. Geboten wird eine große Auswahl jamaikanischer Spezialitäten, darunter auch einige wie *oxtail* und *broad beans,* die selten eine Speisekarte zieren. Freitags und sonntags zum Lunch gibts ein jamaikanisches Büfett. *29 Gloucester Avenue | Tel. 979 27 69 | kein Ruhetag | €€–€€€*

PORK PIT

Der Klassiker unter den Jerk-Food-Restaurants. Man holt sich sein zerlegtes Hähnchen oder Schwein selbst am Schalter, gegessen wird auf der Terrasse an rustikalen Tischen und Bänken. Beliebt bei Jamaikanern und Besuchern. *27 Gloucester Avenue | Tel. 952 10 46 | kein Ruhetag | €*

SCOTCHIES ▶▶

Ein Muss: rustikal, aber mit Abstand die beste Jerk-Bude der Region. *8 km östlich, kurz hinter dem Hotel Coyabo auf der rechten Seite | kein Ruhetag | €*

MARCO POLO HIGHLIGHTS

★ **Rose Hall Great House**
Imposantes Herrenhaus mit gruseliger Vergangenheit (Seite 36)

★ **Good Hope Great House**
Das Herrenhaus inmitten einer Plantage kann gemietet werden (Seite 36)

★ **The Native**
Selten findet sich eine solche Auswahl an jamaikanischen Spezialitäten (Seite 33)

★ **Dunns River Falls**
Den Wasserfall bei Ocho Rios hinaufzuklettern ist ein Muss (Seite 38)

★ **Sea Trek**
Spaziergang 5 m unter dem Meeresspiegel – ein unvergessliches Erlebnis (Seite 35)

★ **Green Grotto Cave & Runaway Caves**
Tropfsteinhöhlen und in ihrer Finsternis ein See (Seite 43)

MONTEGO BAY

WINE WITH ME

Mit der „besten Küche" werben viele auf dem *Hip Strip* – dieses Restaurant (Spezialität Fisch) hat sie. *33 Glochester Avenue | Tel. 952 90 87 | kein Ruhetag | €€€*

▊ EINKAUFEN ▊

Wenig beachtet liegt der sogenannte *Fustic Market* auf der Trasse des ehemaligen Bahnhofs von MoBay, südlich der Barnett Street. Neben Heilkräutern, Gemüse und Lebensmitteln finden Sie hier geflochtene Körbe und Untersetzer. In der *Gallery of West Indian Art, 11 Fairfield Road,* werden Gemälde jamaikanischer Künstler, Schnitzereien, Drucke und Kunsthandwerk verkauft.

▊ ÜBERNACHTEN ▊

ALTAMONT WEST HOTEL

Geschmackvoll und praktisch eingerichtet. *32 Zi. | 33 Gloucester Avenue | Tel. 979 93 78 | Fax 971 73 37 | www.altamontwesthotel.com | €€*

BREEZES MONTEGO BAY 🔊

Das Breezes befindet sich direkt am Doctor's Cave Beach und gehört damit zu den ideal und vor allem zentral gelegenen All-inclusive-Hotels. Vom ☀ Dachjacuzzi aus können Sie über die türkis-blau schimmernde Bucht schauen. *124 Zi. | Gloucester Avenue | Tel. 940 11 50 | Fax 940 11 60 | www.breezes.com | €€€*

Insi Tip

THE CASA BLANCA HOTEL

1926 geöffnet, war das „Weiße Haus" mit seinem 19.-Jh.-Interieur das erste Hotel am Ort. Die Lage besticht. *25 Zi. | Gloucester Avenue, neben Doctor's Cave | Tel. 953 40 00 | Fax 953 07 20 | www.casablancajamaica.com | €*

SANDALS ROYAL CARIBBEAN

Kleine Buchten geben der Hotelanlage eine private Atmosphäre. Auf einer kleinen vorgelagerten Insel können sich die Gäste tagsüber sonnen und abends in dem Pagodenbau thai-

Wer sich ins Nachtleben stürzen möchte, kommt am Margueritaville nicht vorbei

ländische Küche genießen. *185 Zi. | 5 km östlich, Mahoe Bay | Tel. 953 22 31 | Fax 953 27 88 | www. sandals.de | €€€*

■ FREIZEIT & SPORT

MONTEGO BAY MARINE PARK

Rund um MoBay befindet sich der erste Meernationalpark – 15,3 km² groß. Fischen ist streng verboten. Dafür befindet sich hier ein herrliches Unterwassergebiet, das zum Tauchen und zum Schnorcheln einlädt *(www.mobayunderseatours. com)*. Von der Aufsichtsbehörde lizenzierte Wassersportunternehmen *(Tel. 952 56 19)* bieten am *Pier 1, Howard Cooke Boulevard,* Segel-, Schnorchel-, Tauch- und Unterwasserausflüge an.

SEA TREK ⭐

Mit speziellen Hightechtauchhelmen können unter fachmännischer Anleitung und Sicherheitskontrolle auch Ungeübte während eines 20-minütigen Spaziergangs über den Meeresgrund *(Doctor's Cave)* die faszinierende Unterwasserwelt und die farbenprächtigen Korallen bewundern, die sich vor der Küste von Montego Bay ausdehnen. *Chukka Clue Adventure Tours | Tel. 953 66 99 | www. chukkacaribbean.com/index.html | US$ 66*

■ STRÄNDE

In der Stadt gibt es zwei öffentliche Strandbäder, *Doctor's Cave (tgl. 8.30–17 oder 18 Uhr)* und *Agua Sol (tgl. 9–17 Uhr)*. Sie bieten für eine Eintrittsgebühr von 5 US$ gepflegten Sand, Umkleidekabinen, Duschen und ein unterschiedliches An-

gebot an Wassersportmöglichkeiten sowie eine Bar. *Agua Sol* ist der weitläufigste und natürlichste Strand in der Stadt.

■ AM ABEND

MARGUERITAVILLE ►►

Unangefochten der *hotspot in town*. Nach Einbruch der Dunkelheit verwandelt sich die Bar in einen Szenetreff. *Gloucester Avenue*

PIER 1 ►►

Freitagabends wird der hölzerne Anleger zu einer Openairdisko. Nach Mitternacht erreicht die Stimmung ihren Höhepunkt. Ein schöner Ort allerdings auch, um unter der Woche bei einem Drink ==den Sonnenuntergang zu genießen.== *Howard Cooke Boulevard | ab 22 Uhr*

Insider Tipp

■ AUSKUNFT

JAMAICA TOURIST BOARD

Cornwall Beach | Tel. 952 44 25 | Fax 952 35 87

■ ZIELE IN DER UMGEBUNG

FALMOUTH   [112 C1]

Falmouth (7800 Ew.) ist nach 37 km der erste größere Ort und diente als Kulisse für den Film „Papillon". Einst wichtigster Zuckerhafen der Insel, ist die Kleinstadt heute ein pulsierender Marktflecken *(Mi und Fr)*. Entlang der Durchgangsstraße gruppieren sich Stein- und Holzbauten im georgianischem Stil, die sich an der *Market Street* konzentrieren. Am *Water Square,* von dem aus die Stadt früher mit Wasser aus einer Großzisterne vorsorgt wurde, liegt heute ein Einkaufszentrum. Ganz in der Nähe befindet sich das von 1815 stammende ehemalige Courthouse, das als eines der schönsten georgianischen Bauwerke Jamaikas gilt.

Gut 30 Minuten dauert die 10 km lange Fahrt auf der schlechten Straße gen Süden zum ⭐ *Good Hope Great House* [112 B2]. 1755 im georgianischen Stil erbaut, wurde das

Bay erfüllt. Tagsüber strahlt das 1800 fertig gestellte Herrenhaus der Barret-Familie, von dessen  Veranda sich ein 180-Grad-Blick eröffnet, die Unberührbarkeit eines Museums aus, abends werden die Absperrseile entfernt und die Räumlichkeiten für das Alltagsleben wieder hergerichtet.

Einst Herrenhaus, jetzt Luxusherberge: Good Hope Great House

Herrenhaus hervorragend renoviert und ist heute ein luxuriöses, kleines Hotel *(17 Zi. | Tel. 610 57 98 | Fax 979 80 95 | www.goodhopejamaica. com | €€€).* Wer rund 12 250 US$ pro Woche bezahlt, kann das Herrenhaus komplett mieten.

Der Stammsitz der Barrets wurde bei der Sklavenrebellion 1831 nicht niedergebrannt, die Originaleinrichtung blieb so erhalten. *Nach der Total-Tankstelle rechts den Berg hinauf | tgl. 9–18 Uhr | US$ 14 inklusive Führung*

Insider Tipp **GREENWOOD GREAT HOUSE** [112 B1]

In einem Museum leben: Ann und Bob Betton haben sich diesen Traum knapp 23 km östlich von Montego

ROSE HALL GREAT HOUSE ⭐ [112 A1]

Das imposante Herrenhaus wurde zwischen 1770 und 1780 erbaut und Ende der 1960er-Jahre mit großem

> **www.marcopolo.de/jamaika**

Aufwand renoviert. Heute ist es die bedeutendste Sehenswürdigkeit im Raum von Montego Bay, knapp 14 km entfernt. Die Räume wurden möglichst authentisch wieder hergestellt. Annie Palmer, als „weiße Hexe" verschrien, ermordete im 18. Jh. gleich drei Ehemänner sowie mehrere Sklaven und spukt seitdem angeblich durchs Haus. *An der Hauptstraße nach Falmouth | tgl. 9– 18 Uhr | Eintritt US$ 20 | www.rose hall.com*

OCHO RIOS

 KARTE IN DER HINTEREN UMSCHLAGKLAPPE

[114 C2] Eine Bucht, mit blauem Meer gefüllt und umlegt mit einem Halbkreis aus weißem Sand – als hätte die Natur begonnen, ein riesiges O zu formen und nach der Siesta vergessen, es zu vollenden. Auf der Landzunge ragen zwei Häusergiganten in den Himmel. Den unteren Rand der Bucht beherrschen vier kleinere Türme. Das Hotel *Jamaica Grand* und die *Turtle Towers* sind die Wahrzeichen von Ocho Rios (10 000 Ew.), kurz Ocho genannt. Am linken Rand der Bucht springen an den meisten Tagen im Jahr ganz andere Giganten ins Auge: riesige Kreuzfahrtschiffe und Hochseeyachten. Ocho Rios ist das Kreuzfahrtziel Nummer eins der Insel – was der Stadt nur recht ist. Der ehemals kleine Fischerort wurde seit den 1960er-Jahren bewusst als Ferienziel ausgebaut, der Strand künstlich

> BLOGS & PODCASTS
Gute Tagebücher und Files im Internet

> **www.expat-blog.com/en/ directory/central-america/jamaica** – Neujamaikaner aus aller Welt vermitteln Besuchern und Einwanderungswilligen ihre Erlebnisse, Erfahrungen mit Einreise, Behördengängen, Wohnungs- und Arbeitssuche.

> **www.travelblog.org/Central-America-Caribbean/Jamaica** – fein aufgeteilt nach Regionen, können Sie sich anhand der Erfahrungen von Jamaikareisenden ein eigenes Bild machen.

> **www.travelpod.com/travel-blog-country/Jamaica/tpod.html** – Wer angemeldet ist, kann seine Reiseberichte über Jamaika ins Internet stellen und seine Fotos publizieren – dazu gibt es informative Tipps und Reiseerfahrungen.

> **www.go-jamaica.com/podcasts** – Nachrichten, Features, Fotos und MP3-Dateien rund um Jamaika bietet die umfangreich verlinkte Seite.

> **http://mobilcast.com/bigupmaga zinreggaeanddancehallpodcast** – Fans von Reggae und Dancehall können hier MP3s und Musikvideos downloaden.

> **www.top5jamaica.com/category/ Blogs+%7C+Homepages** – Wer hier nichts für seinen Geschmack findet, dem kann kaum noch geholfen werden.

Für den Inhalt der Blogs & Podcasts übernimmt die MARCO POLO Redaktion keine Verantwortung.

durch Ausbaggern aufgeworfen. Hotels, Restaurants und Shoppingzentren für den Dutyfree-Einkauf der Kreuzfahrer entstanden. Rund um den blau- und türkisfarbenen „Big Ben" und den Markt hat man am ehesten den Eindruck, auf Jamaika und nicht sonstwo auf der Welt zu sein.

Sklavengesellschaft. *Abzweig kurz vor den Shaw Park Botanical Gardens | tgl. 8–17 Uhr | Eintritt US$ 10 | www.coyabagardens.com*

DUNNS RIVER FALLS ⭐

200 m tief stürzt der Dunns River in vielen Kaskaden ins Meer hinab. Die Attraktion der Fälle, die als die

Feuchtfröhliches Vergnügen: Erklimmen der Dunns River Falls

▮ SEHENSWERTES ▮

Insider Tipp
COYABA RIVER GARDENS AND MUSEUM/ MAHOE FALLS

Während der Führung durch die gepflegte botanische Anlage lernen Sie die Namen der tropischen Gewächse, schnuppern ihren Duft, beobachten die Fische in den Weihern, genießen die beschauliche Ruhe des Orts. Ein kleines Museum gibt einen Einblick in die Welt der Ureinwohner und der

Hauptsehenswürdigkeit Jamaikas gelten, liegt in der Anordnung der Stufen, über die schäumend das Wasser sprudelt. Selbst Unsportliche können unter Führung eines Einheimischen die Fälle erklimmen. Am besten lassen Sie alles, was nass werden könnte, draußen vor den Pforten. Denn bei den zu mietenden Depotfächern – und den rutschfesten Schuhen – wird richtig hingelangt. Eine

> *www.marcopolo.de/jamaika*

sehr touristische Angelegenheit, aber am Sonntag besuchen auch Jamaikaner gern die Fälle und picknicken am Sandstrand an der Mündung des Flusses. *Tgl. 8.30–16 Uhr | Eintritt US$ 15 | www.dunnsriverfallsja.com*

FERN GULLY

Insgesamt 2 km schlängelt sich die A 3 nach Kingston durch die enge Schlucht. Meterhohe Farne und Laubbäume hüllen das einstige Flussbett in Dämmerlicht. Bevor man in den grünen Naturtunnel eintaucht, reihen sich Werkstätten von Holzschnitzkünstlern am Wegrand.

REGGAE XPLOXION ▶▶

Auch wenn das bebilderte Leben und musikalische Schaffen Bob Marleys im Mittelpunkt steht, bekommt man doch bei dem „interaktiven Spaziergang" durch die zweistöckige Ausstellung einen hervorragenden Überblick über die jamaikanische Musik – von Ska über Roots-Reggae bis zu den Rap-Wurzeln, die auf der Insel liegen. *Island Village, River Road | Mo–Fr 9–17, Sa 10–17 Uhr | Eintritt US$ 15 inklusive Führung | www.islandjamaica.com*

SHAW PARK BOTANICAL GARDENS ☼

Früher lag hier das inzwischen geschlossene Shaw Park Hotel. Geblieben ist ein herrlicher, zum Teil verwunschener Garten mit altem Baumbestand, tropischen Pflanzen, Blumen, Vögeln, einem Wasserfall und der schönsten Aussicht auf die Bucht von Ocho Rios. *Oberhalb der Stadt, folgen Sie zunächst der Straße nach Kingston, dann den Schildern | tgl. 8–17 Uhr | Eintritt US$ 5*

▮ ESSEN & TRINKEN ▮

COCONUTS

Die preisgekrönte Küche bietet neben *Jerk Food* internationale Fischgerichte. Von der Terrasse kann man den Blick auf den Seehafen genießen. *Fisherman's Point | Tel. 795 00 64 | kein Ruhetag | €€€*

EVITA'S ☼

Am Hang oberhalb der Stadt liegt dieses italienische Restaurant. Das 1860 erbaute Haus diente schon früher als Gasthaus. Heute sorgt Chefin Evita persönlich mit südländischem Charme für ihre jamaikanischen und ausländischen Gäste. Die Sicht aufs nächtliche Ocho Rios ist schön. Die Küche bietet Norditalienisches mit jamaikanischem Einschlag. *Eden Bower Road, am westlichen Ortsausgang rechts | Tel. 974 23 33 | kein Ruhetag | €€€*

PASSAGE TO INDIA

Das Dachgartenrestaurant mit authentisch indischer Küche und vielen vegetarischen Gerichten ist bei den Einheimischen sehr beliebt. *50 Main*

>LOW BUDGET

> Jerk Food für 2,50–3 Euro: Im *Ocho Rios Jerk Centre* treffen sich ▶▶ an Wochenenden die Ochies. *Da Costa Drive | Tel. 974 25 49 | kein Ruhetag*

> Knapp 1 km östlich vom Stadtzentrum liegt links der *Mahogany Beach*: Eintritt frei, gute Musik, das Essen kann man mitbringen. Händler bieten Snacks an; wer keinen Stuhl mieten will, kann sich im Sand wälzen.

Street, Soni's Plaza | Tel. 795 31 82 |
Mo geschl. | €€

◼ EINKAUFEN

An *Craft Markets* und Dutyfreeshops, die in ihrem Angebot auf die
Bedürfnisse der Kreuzfahrttouristen
ausgerichtet sind, besteht in Ocho
Rios kein Mangel. Das *Island Village*

Eine Alternative zu der zum Teil
sehr teuren Massenware stellt die
6 km außerhalb des Stadtzentrums
gelegene *Harmony Hall* dar. Die
Kunstgalerie, die originale Gemälde
und Skulpturen namhafter jamaikanischer Künstler anbietet, ist in einer
schönen Villa aus dem 19. Jh. untergebracht.

Werke bekannter jamaikanischer Künstler in der Harmony Hall

sticht da allerdings heraus. Krüge,
Vasen, Schalen – aus Ton geformt
und zum Teil sehr originell bemalt.
Was einst als kleine Töpferwerkstatt
begann, hat sich inzwischen zu einer
Kleinfabrik entwickelt, in der man
noch immer den Töpfern über die
Schultern schauen kann. *Wassi Art*
liegt knapp 3 km außerhalb; der
Straße Richtung Fern Gully und dann
nach links den Schildern folgen.

◼ ÜBERNACHTEN

HIBISCUS LODGE 📶

Beinahe noch im Zentrum liegt dieses nette, mittelgroße Strandhotel.
Die zweckmäßigen Zimmer sind auf
den Klippen über dem Meer in verschiedenen Gebäuden untergebracht.
Alle haben Balkon, viele Meerblick.
Swimmingpool und Sonnendeck befinden sich oberhalb des schmalen
Sandstrands. Ideal für alle, die in der

Stadt bummeln wollen und gern vor Ort essen: Das hervorragende *Almond Tree Restaurant* gehört zum Haus. *26 Zi. | 83 Main Street | Tel. 974 26 76 | Fax 974 18 74 | www. hibiscusjamaica.com | €€*

JAMAICA INN 🔊

Auf Tradition und Stil wird in diesem individuell gestalteten Hotel der Nobelklasse an der Sandy Beach Bay viel Wert gelegt. Die Anzahl des Personals übersteigt die der Gäste. Die Zimmer in den verschiedenen Gebäuden sind geschmackvoll im Kolonialstil mit Antiquitäten eingerichtet. Der private Strand ist breit und garantiert nie überfüllt. *47 Zi. | Main Street, St. Ann | Tel. 974 25 14 | Fax 974 24 49 | www.jamaicainn.com | €€€*

ROOMS ON THE BEACH 🔊

Direkt am Turtle Beach gelegen und eines der wenigen Hotels ohne All-inclusive-Angebote. *97 Zi. | Tel. 974 66 32 | Fax 516 15 44 | www. roomsresorts.com | €€*

SANDALS GRANDE OCHO RIOS BEACH & VILLA RESORT 🔊

94 Pools verteilen sich auf dem als Gartenlandschaft gestalten Riesengelände und lassen es privat wirken, auch wenn es ausgebucht ist. *529 Zi. und Villen | Pineapple, Main Street | Tel. 974 56 91 | Fax 974 57 00 | www.sandals.de | €€€*

■ STRÄNDE

Bay Beach oder *Turtle Beach* heißt der größte Strand der Stadt *(tgl. 9–17 Uhr | Eintritt J$ 200).* Er verläuft von der Ortsmitte bis zum Wahrzeichen von Ocho Rios, dem Hotelzwitter *Jamaica Grand,* am Ende der Bucht: gepflegt, sehr voll, das Wassersportangebot ist groß.

■ AM ABEND

▶▶ *The Amnesia (Do–So ab 22 Uhr, 70 Main Street)* und *Jamaic'n Me Krazy* im Renaissance Jamaica Grand Hotel sind Klassiker des Nachtlebens. Hip: *Margaritaville* im Island Village, *tgl. Liveentertainment*

■ AUSKUNFT

JAMAICA TOURIST BOARD

Ocean Village Shopping Centre | Tel. 974 25 82

■ ZIELE IN DER UMGEBUNG ■

ORACABESSA [115 D3]

Seine Bedeutung als Bananenhafen hat das knapp 21 km östlich von Ocho Rios gelegene Oracabessa (4300 Ew.) längst verloren. Nach der östlichen Ortsausfahrt zweigt an der Tankstelle links die Zubringerstraße zum *James Bond Beach* ab. Von dort können Sie einen Blick auf *Goldeneye* werfen, die Residenz von Ian Fleming, in der viele James-Bond-Romane entstanden sind.

Wer einmal in dem Bett des Schriftstellers schlafen und im dazugehörigen Außenbad duschen will, muss stolze 3000 US$ pro Nacht – in der Nebensaison – berappen. Auf dem Gelände der Residenz hat Chris Blackwell, der heutige Eigentümer und ehemalige Manager von Bob Marley, einige etwas preiswertere Luxusvillen errichten lassen *(www. islandoutpost.com/goldeneye).* Die Einfahrt liegt kurz hinter dem James Bond Beach.

PORT MARIA [115 E3]

Der Tourismus ist an der 7900-Einwohner-Stadt 34 km östlich vorbeigegangen. Hier wohnte einst der Seeräuber und spätere ehrenwerte Gouverneur der Insel, Sir Henry Morgan. Und in dem Gerichtsgebäude von 1920 musste sich der erste Premier des Landes, Alexander Bustamente, in den 1930er-Jahren wegen Rädelsführerschaft beim Aufstand gegen die britischen Kolonialherren verantworten. Sehenswert ist die Distriktkirche von 1821.

ST. ANN'S BAY [114 A–B2]

Besonders malerisch sind die kleinen Gassen im Zentrum. Die knapp 12 800 Einwohner zählende Stadt 12 km westlich ist Geburtsort von Marcus Garvey, einem der Inspiratoren der Schwarzenbewegung in Jamaika. Das Gerichtsgebäude stammt von 1866. Noch immer in Benutzung ist die 1896 erbaute Polizeistation mit dem angeschlossenen Gefängnis.

SEVILLE GREAT HOUSE [114 A2]

Rund 22 km westlich von Ocho Rios steht das Plantagenhaus auf geschichtsträchtigem Grund. Hier siedelten schon die Spanier und vor ihnen die Tainos, die indianischen Ureinwohner. Zu sehen sind eine Ausstellung im Haus und auf dem Gelände die Ruinen diverser Wirtschaftsgebäude. *Mo–Do und Sa 9–17 Uhr | Eintritt US$ 5*

VILLA FIREFLY [115 E3]

Auf einem über 300 m hohen Plateau, das Oracabessa und Port Maria trennt, liegt die für Noel Coward erbaute Glühwürmchenvilla. Der englische Schauspieler, der auch dichtete, malte und komponierte, verbrachte die letzten 20 Jahre seines Lebens auf Jamaika. Seit seinem Tod 1973 wurde im Haus so wenig wie möglich verändert. Atelier und Wohnräume sind zu besichtigen. Der Blick aus dem Arbeitszimmer inspirierte ihn zu dem Lied „A room with a view". In der Tat ist es neben den persönlichen Dingen Noel Cowards vor allem die Lage der Villa, die einen Besuch lohnt. *Mo–Sa 8.30–17 Uhr | Eintritt US$ 10*

Noel Cowards erstes Haus weiter unten am Meer heißt **Blue Harbour.** Heute werden die Zimmer im Haupthaus und in zwei kleinen Villen ver-

> EXPORTSCHLAGER BAUXIT
150 Jahre sollen die Rohstoffvorkommen reichen

Der Stoff, aus dem das Aluminium ist, wurde im 19. Jh. gefunden. Aber erst nach dem Zweiten Weltkrieg begann der Abbau von Bauxit, der aus der roten Erde verwitterter Kalksteinböden gewonnen wird. Jamaika verfügt über das fünftgrößte Bauxitvorkommen der Erde. Aus 1 t Bauxiterde erhält man weniger als 250 kg Aluminium, zurück bleibt giftiger Rotschlamm. Jamaika ist nach Australien, Guinea und Brasilien der viertgrößte Bauxitexporteur der Welt. Jährlich werden rund 14,6 Mio. t gefördert. Der Exportanteil von Bauxit und dem halbverarbeiteten Aluminiumoxid beträgt fast 100 Prozent.

mietet *(7 Zi. | Tel. 725 02 89 | www.*
blueharb.com | Vollpension US$
100). Sie sind nicht gerade luxuriös,
strahlen aber einen besonderen
Charme aus.

RUNAWAY BAY

**[113 E2] Irgendwo in dieser Ecke betrat
Kolumbus zum ersten Mal jamaikanischen
Boden – hierin sind sich alle Gelehrten einig.** Nur wo genau, darüber streiten
sie sich seit Jahrhunderten. An das
Ereignis erinnern der Name der nahe
gelegenen Bucht Discovery Bay und
der Columbus Park, ein kleines Frei-
lichtmuseum. In der Nähe verstellt
ein braunrotes, eisernes Ungetüm am
Ufer die Aussicht auf die Bucht. Hier
wird das Bauxit verladen, das in den
Hügeln im Hinterland abgebaut wird
und für Arbeit und einen gewissen
Wohlstand in dieser Inselecke sorgt.

◼ SEHENSWERTES ◼

GREEN GROTTO CAVE & RUNAWAY CAVES ⭐

Diese Tropfsteinhöhlen sind die am
leichtesten zugänglichen auf Jamaika. Die Besichtigungstour führt
durch einen kleinen Teil der insgesamt über 10 km langen Höhlen-
gänge. Seit einiger Zeit sind sie trocken, die Eingangshalle diente sogar
für eine Weile als Nachtclub. Verschiedene Stalagmiten und Stalaktiten erinnern an Figuren, Tiere oder
Madonnen.

Die Green-Grotto-Höhle liegt
37 m unter der Erdoberfläche. Am
Grund gibt es in absoluter Finsternis
einen kleinen See, in dem blinde Fische leben. *An der Straße nach Run-
away Bay hinter Discovery Bay | tgl.*

Schöne Aussicht: Noel Cowards Villa Firefly

9–16 Uhr | www.greengrottocavesja. com | Eintritt US$ 20

■ ESSEN & TRINKEN

CARDIFF HALL

Die offene Strandbar ist der hippe Hangout für die Menschen der Umgebung. Einfaches Mobiliar, das wie in der Villa Kunterbunt gestrichen ist, aber die Fischgerichte sind hervorragend. *Main Street, gegenüber der Shell-Tankstelle, wo es zur Cardiff Hall abgeht | Tel. 973 54 57 | kein Ruhetag | €*

FLAVOURS BEACH BAR & GRILL ▶▶

Spezialität des Familienbetriebs sind Fischgerichte. Man sitzt unter einem großen, runden Dach aus Palmwedeln. Die Bar ist auch Treffpunkt der Einheimischen. *Main Street | Tel. 973 48 01 | kein Ruhetag | €€ – €€€*

■ ÜBERNACHTEN

BREEZES RUNAWAY BAY RESORT & GOLF CLUB ♫

Die All-inclusive-Anlage für Erwachsene hat den schönsten Hotelstrand der Gegend und ein Sportangebot, das so umfassend gar nicht wahrgenommen werden kann. Der nahe gelegene *Golf Club* mit seinem Championship-Golfkurs (Par 72) wird mit einem Shuttlebus bedient. Das offene Restaurant liegt direkt am Strand. *264 Zi. | 5 km östlich an der A 1 | Tel. 973 48 20 | Fax 516 41 53 | www.breezes.com | €€€*

FRANKLYN D. RESORT ♫

Kleinerer All-inclusive-Club für Familien. Von morgens bis nachmittags, auf Wunsch auch länger, kümmert sich eine sogenannte „Vacation Nanny" um das Wohl besonders der kleinen Gäste. Umfangreiches Sport-, Freizeit- und sogar Kulturprogramm für Große und Kleine. Kinder bis 16 Jahre kostenfrei. *77 Zi. | 3 km östlich von Runaway Bay an der A 1 | Tel 973 45 91 | Fax 973 46 00 | www.fdrholidays.com | €€€*

ROYAL DECAMERON CLUB ♫

An einem schönen, langen Sandstrand liegt diese Ferienanlage im Villagestil. Alles ist inklusive, Singles, Pärchen, Kinder, alle sind gleichermaßen willkommen. Sport wird hier groß geschrieben, vor allem die Tauchbasis des Hauses genießt einen guten Ruf. *183 Zi. | 7 km östlich von Runaway Bay an der A 1 | Tel. 973 35 07 | Fax 973 35 09 | www. jamaicasplash.com/resorts/clubcaribbean.html | €€*

RUNAWAY BAY HEART HOTEL ♫

Der Blick von der Terrasse reicht weit über die Bucht bis ans Meer. Säulen, Arkaden, Swimmingpool und Garten erwecken die Illusion eines privaten Landsitzes. Shuttledienst zum Strand. Exklusiver Service, da das Hotel Ausbildungsbetrieb für das Hotelfachgewerbe ist. Gutes Restaurant. *56 Zi. | Rickett's Avenue | Tel. 973 66 71 | Fax 973 47 04 | www.runawayheart.com. jm | €€*

■ ZIELE IN DER UMGEBUNG

BOB MARLEY CENTRE AND MAUSOLEUM   [114 A4]

Der Weg zum Mausoleum in ▶▶ *Nine Mile* führt auf der B 3 hinter Brown's Town noch etwa 15 km weiter nach Alexandria. Hinter Alexandria erreichen Sie nach etwa 10 km Richtung Osten auf einer immer schmaler werdenden Straße Nine Mile. Hohe Zäune riegeln das Gelände unschön ab. Sie sollen Video- und Musikpiraten bei den am 6. Februar, Bob Marleys Geburtstag, und an seinem Todestag, dem 11. Mai, stattfindenden Konzerten abhalten.

vom Jungen aus Nine Mile zum Weltstar und Plattenmillionär gewesen sein muss. *Tgl. 9–17 Uhr | Eintritt US$ 15*

BROWN'S TOWN [113 F3]

Dreimal in der Woche *(Mo, Fr und Sa)* kommen die Bauern aus den umliegenden Dry Harbour Mountains

Pilgerstätte für Reggae-Fans: Bob Marley Centre and Mausoleum

Bob Marley ist in Nine Mile aufgewachsen und verließ es mit 13 Jahren, kam aber bis zu seinem frühen Tod regelmäßig zurück. Seine sterblichen Überreste ruhen in einem großen Marmorgrab, in der Kapelle ringsum gibt es zwei seiner Gitarren und andere Erinnerungsstücke zu besichtigen. Es ist ein kommerzielles Fleckchen geworden, doch man beginnt zu ahnen, wie weit der Weg

zum Markt in die 14 km von Runaway Bay entfernte Kleinstadt, die nach dem hier lebenden Großgrundbesitzer Hamilton Brown benannt ist. Gegenüber der neugotischen *St. Mark's Church* (1895) liegt die Markthalle. Sehenswert sind die Post, das georgianische Gerichtsgebäude und die im spanischen Baustil errichtete Polizeistation mit ihren weißen Steinbögen.

> RUND UM DIE BLAUEN BERGE

Kleine Buchten, eine dampfende Bergwelt und Ausflugsinseln in enger Nachbarschaft von Port Antonio und Kingston

> **Zerklüftete Berge beherrschen den Osten. Die höchsten sind die Blue Mountains. Sie recken sich über 2000 m hoch. Ihre Ausläufer rücken bis dicht an die Küste und zwingen die aufsteigenden Luftmassen hinauf in kühle Schichten.**

Die Provinz Portland im Nordosten ist die niederschlagsreichste der Insel, aber auch die landschaftlich schönste: verschlafene Orte im Norden, wilde Berge in der Mitte und im Süden die Metropole Kingston, die

mit Abstand größte Stadt Jamaikas. Nach Norden riegeln die Blue Mountains die Stadt regelrecht ab. Schmale Straßen, übersät mit Schlaglöchern, winden sich die Hügel hinauf.

KINGSTON

 **KARTE IN DER HINTEREN UMSCHLAGKLAPPE**

[119 F2–3] Kingston ist mit rund 1 Mio. Einwohnern keine Vorzeigemetropole mit

Bild: Blue Mountains

DER
OSTEN

herausgeputzten Sehenswürdigkeiten. Es macht ein wenig Mühe, sich ihr anzunähern. Sie wuchs zur Stadt heran, als nach dem verheerenden Erdbeben von 1692 die Überlebenden von Port Royal eine neue, sichere Heimat suchten. *Downtown,* das alte Zentrum, muss einst eine schöne Kolonialstadt gewesen sein. Heute vegetiert es mehr vor sich hin als dass es lebt. Tagsüber sind die Straßen voll Geschäftigkeit; Supermärkte, Banken, Konzerne, Ministerien und die Nationalgalerie befinden sich hier. Abends und am Wochenende ist *downtown* ausgestorben, dann sollten auch Touristen die Gegend meiden.

Die Jamaikaner sind stolz auf ihre Hauptstadt, sie ist ihr Kulturzentrum. Von Kingston aus begann der Reggae seinen Siegeszug um die Welt. Auch im Zeitalter nach Bob Marley ist Kingston weiterhin Trendschmiede.

KINGSTON

■ SEHENSWERTES ■

AFRICAN CARIBBEAN HERITAGE CENTRE

Auf der Rückseite der Nationalgalerie gelegen, beeindruckt das Forschungsinstitut über die afrojamaikanische Kultur mit seinen Wechselausstellungen. *Mo–Do 9–16.30, Fr bis 15.30 Uhr | Eintritt frei*

DEVON HOUSE

Wie ein kleiner Palast thront das Herrenhaus inmitten eines Parks. Es wurde 1881 im klassizistischen Stil erbaut – von Georg Stiebel, einem der ersten dunkelhäutigen Millionäre von Jamaika. Zu besichtigen sind 14 der 24 Räume mit einer Sammlung

Downtown Kingston: der William Grant Park

BOB MARLEY MUSEUM ▶▶

In seinem ehemaligen Wohnhaus bleibt die Erinnerung an den großen Star lebendig. Ausgestellt sind u.a. Schallplatten, originale Bühnendekorationen und Tourneeplakate. Am Schluss der Führung wird ein Film mit Interviews und Konzertausschnitten gezeigt. *56 Hope Road | www.bobmarley-foundation.com/museum.html | Mo–Sa 9.30–16.30, letzte Führung 16 Uhr | Eintritt US$ 10*

antiker Möbel und einiger Gemälde. In den ehemaligen Wirtschaftsgebäuden gibt es Läden. *26 Hope Road | Di–Sa 9.30–16.30 Uhr | Eintritt J$ 300*

DOWNTOWN

Ein Gang durch *downtown* gehört unbedingt zum Besichtigungsprogramm. Aber man muss vorsichtig sein und Umsicht walten lassen. Die Straßen zwischen dem William Grant

Park und der Uferpromenade eignen sich nicht, um seinen Besitzstand zur Schau zu stellen.

INSTITUTE OF JAMAICA

1879 gegründet, umfasst es verschiedene historische und naturkundliche Abteilungen. Im gleichen Gebäude ist auch die Nationalbibliothek untergebracht. *12–16 East Street | www.instituteofjamaica.org.jm | Mo–Fr 9.30–16 Uhr | Eintritt J$ 100*

JACK HILLS ROAD

Die Jack Hills Road windet sich die Kingston nördlich umgrenzende Hügelkette hinauf. Hier eröffnet sich in rund 600 m Höhe ein gigantisches Panorama. Am Abend liegt Ihnen ein Lichtmeer zu Füßen, das erst in den Fluten des Karibischen Meers endet.

JUBILEE MARKET

Gemüse und Knollen neben Billigparfüm und Unterhosen, Ackeefrüchte neben Secondhandkleidung. Ihre Waren anpreisende Marktfrauen konkurrieren lauthals mit *pushcar-*arbeitern, die sich schreiend mit ihren Karren Durchgang verschaffen wollen. *Ben Dung Plaza* nennen viele das Marktkarree, das sich von The Parade in westlicher Richtung erstreckt. Ben Dung ist ein Begriff aus dem Patois und bedeutet „sich herunterbücken": Grabbeltische auf Bürgersteigniveau.

KINGSTON PARIS CHURCH

Nur wer *under the clock,* im Schatten der Turmuhr, geboren wurde, gilt als waschechter Kingstoner. Der weiß getünchte Betonbau wurde nach den Originalplänen auf den 1907 beim Erdbeben zusammengestürzten Ruinen der alten Distriktkirche errichtet. Die Glocke wurde bereits 1715 gegossen. Beeindruckend sind die Fenstermalereien, besonders an der Nordseite der Kirche.

NATIONAL GALLERY

In dem nüchternen Betonbau ist auf zwei Etagen eine große Sammlung von Werken früherer und zeitgenössischer jamaikanischer Künstler aus-

MARCO POLO HIGHLIGHTS

⭐ **Blue Mountains**
Atemberaubende Aussichten, neblige Wälder und Kaffeeplantagen
(Seite 53)

⭐ **Port Royal**
Herrlich verschlafener Fischerort mit großer Vergangenheit (Seite 55)

⭐ **Mocking Bird Hill**
Persönlich geführtes Hotel mit Weitblick und Spitzenküche im Mille Fleurs
(Seite 58)

⭐ **Jamaica Explorations**
Begegnungen mit Land und Leuten – naturnah und zu Fuß unterwegs
(Seite 58)

⭐ **Winnifred's Beach**
Der ursprünglichste Strand von Port Antonio – schattig und sonntags heiß geliebt (Seite 59)

⭐ **Reach Falls**
Schöne Wasserfälle und Badespaß in natürlichen Swimmingpools (Seite 61)

gestellt. Kernstücke sind die Bildhauerarbeiten und Zeichnungen von Edna Manley, der Frau des Staatsgründers Norman Manley und Mutter von Michael Manley, sowie die eindrucksvollen Skulpturen und Bil-

Negro Aroused am Ocean Boulevard

der von Shephard Kapo. *12 Ocean Boulevard | Di–Do 10–16.30, Fr 10–16 Uhr | Eintritt J$ 100*

NEGRO AROUSED

Die Bronzestatue der Bildhauerin Edna Manley am Ocean Boulevard, wo die King Street endet, symbolisiert das neue Selbstbewusstsein der befreiten Sklaven.

THE PARADE

Auf dem einstigen Exerzierplatz im Stadtzentrum drängeln sich heute ambulante Händler, Schaffner, die die Leute zum Einsteigen in die Busse animieren. Noch im 19. Jh. fanden hier öffentliche Auspeitschungen und Hinrichtungen statt.

SYNAGOGE

Insi Tip

Weltweit gibt es nur sechs „portugiesische Synagogen", deren Böden mit Sand bedeckt sind. Keine 100 Jahre alt ist das weiße, sehr schlichte jüdische Gotteshaus. Knapp 300 Juden zählt die einzige Gemeinde des Landes, die *United Congregation of Israelites.* An die Synagoge grenzt das *Jewish Heritage Museum (Mo–Do 8.30–16.30, Fr 8.30–15 Uhr | Eintritt J$ 300). Duke Street/Charles Street*

TUFF GONG RECORDING STUDIOS

Der Besuch des Plattenstudios von Ziggy Marley und der angeschlossenen Produktionsstätten erlauben einen Blick hinter die Kulissen der Reggae-Szene von heute. Es gibt auch einen *Musikshop (Mo–Fr 8.30 bis 17 Uhr). 220 Marcus Garvey Drive | Besichtigung nach vorheriger Anmeldung, Eingang Little Bell Road | Tel. 923 93 80 | Eintritt frei*

ESSEN & TRINKEN

CHELSEA JERK CENTRE

Bekannter Jerk-Food-Imbiss im Hotelviertel. *Festivals, jerk pork* und *jerk chicken* können auch an Ort und Stelle verzehrt werden. *7 Chelsea Avenue | Tel. 926 63 22 | kein Ruhetag | €*

GUILT TRIP

Das gemütliche Gartenrestaurant liegt etwas versteckt auf einem Hof des *Orchid Village.* Spezialitäten, frische Säfte und Kuchen aus der eigenen Konditorei. *20 Barbican Road (hinter dem Sovereign Centre, Hope Street) | Tel. 977 51 30 | Mo geschl. | €€–€€€*

MAC'S CHOP HOUSE
Unscheinbar von außen, aber drinnen werden Gerichte angeboten, von denen Gourmets schwärmen: jamaikanische und internationale Spezialität frisch aus dem Meer. Die exzellente Fusion-Küche hätte einen Stern verdient. *24–26 Trinidad Terrace, New Kingston | Tel. 960 63 | kein Ruhetag | €€€*

MOBY DICK
Das beliebte Mittagsrestaurant befindet sich in *downtown* gegenüber der Nationalgalerie. Spezialität ist *curry goat. 43 Port Royal Street | Tel. 922 44 68 | Mo–Sa 10–19 Uhr | €*

NORMA'S ON THE TERRACE
Das auf der Rückseite des Devon House untergebrachte Norma's on the Terrace ist eines der besten Restaurants der Stadt. *26 Hope Road | Tel. 968 54 88 | So geschl. | €€€*

RED BONES – THE BLUES CAFÉ 🔊 ▶▶
Versteckt liegendes Gartenrestaurant mit exzellenter neujamaikanischer und internationaler Küche; freitags ab 18 Uhr Livemusik. *Braemar Avenue | Tel. 978 82 62 | Sa mittags geschl. | €€–€€€*

■ EINKAUFEN
Kingston besitzt mehrere Einkaufszentren mit zahlreichen Shoppinggelegenheiten. Im Verkaufsshop auf dem Gelände des früheren Wohnsit-

zes von Bob Marley finden sich die neuesten und heißesten CDs. *Mobile Music, Lana Plaza at Hope Road* ist eine Fundgrube für Musikliebhaber. Und der Besitzer Paul hilft gern dabei, auch ausgefallenene Wünsche zu erfüllen. Gut sortiert in Sachen Kunstdrucke und Bildbände ist der kleine Buchshop der *National Gallery of Art.* Gleiches gilt für *Bookland, 53 Knutsford Boulevard.* Ein Muss für Souvenirs, T-Shirts, Strohhüte, Korb- und Flechtwaren ist der an der Port Royal Street gelegene *Craft Market (So geschl.).* Kunsthandwerk der etwas gehobeneren Qualität bietet *Things Jamaican, Devon House, 26 Hope Street.*

▶LOW BUDGET

▶ Einmal im Monat spielt sonntagabends im *Emanzipation Park* am Knutsford Boulevard in Kingston die *Jamaica Military Band* Reggae, Folk und Popmusik. Der Termin ist an den Parkeingängen angeschlagen.

▶ Werktags wird am Strand von *Fort Clarence* in Hellshire nicht kassiert. Ein Bus von Transportcenter in Half Way Tree nach Hellshire kostet 60 J$, ein Fischessen gerade mal 2–3 Euro.

▶ Montags und dienstags finden an den *Reach Falls* keine Führungen statt. An diesen Tagen hilft Guide Nya gegen ein Trinkgeld den Wasserfall zu erkunden. Am ersten Abzweig rechts nach Nya fragen!

▶ Wer nur ein Dach über dem Kopf in Port Antonio sucht, ist im *Scotia Guest House (15 Queen's Street, Titchfield Hill | 2 Zi. | Tel. 993 26 81 | 11 Euro)* richtig.

KINGSTON

Insider Tipp

■ ÜBERNACHTEN ■

FOUR SEASONS

Das ruhig gelegene Hotel im Herzen von New Kingston ist eine Institution. Zu den älteren, geräumigen Zimmern mit dem etwas altertümli-

MAYFAIR HOTEL

In dem zentral, aber ruhig gelegenen ehemaligen Herrenhaus mit einfachen Zimmern treffen sich die Angestellten zu Feierabendbier und Sushi. *46 Zi. | 4 West King House Close |*

Neoklassizistischer Bau von 1912: das Ward Theatre

chen Charme gesellen sich 40 neue rund um einen Patio mit Swimmingpool und schöner Bepflanzung. *76 Zi. | 18 Ruthven Road | Tel. 926 76 57 | Fax 929 59 64 | www.hotel-four-seasons-jam.com | €€*

JAMAICA PEGASUS ❄

Perfekten Komfort, zentrale Lage sowie einen Superblick auf Kingston und das Meer bietet das Geschäftshotel. *300 Zi. | 81 Knutsford Boulevard | Tel. 926 36 91 | Fax 929 05 93 | www.jamaicapegasus.com | €€€*

Tel. 926 16 10 | Fax 926 83 80 | mayfairhotel@cwjamaica.com | €

■ AM ABEND ■

NACHTCLUBS/DISKOTHEKEN

Der *Asylum Night Club, 69 Knutsford Boulevard,* gehört mit seinen gelegentlichen Livekonzerten zu den Klassikern der Kingstoner Nachtszene. Absolut top ist das ▶▶ *Quad (69 Trinidad Terrace | Do Livebands, So geschl.)* mit seinem *Christopher Jazz Café* in der ersten Etage, dem *Occident (Mi/Fr/Sa ab 19.30 Uhr,*

Dancehall, Hip-Hop, Reggae) in der zweiten und der *Voodoo Lounge* (*Mi/Fr/Sa ab 19.30 Uhr | Reggae und Musik der 1970er- und 1980er-Jahre*) in der obersten Etage. Der angesagteste Treff ist ▶▶ *Pepper's (31 Under Waterloo Road).* Hier wird die Kette erst dann um das Eingangstor gelegt, wenn der letzte Gast gegangen ist. Erst gegen 22 Uhr füllt sich die etwas versteckt liegende Openairbar. Am Wochenende findet man kaum einen Platz im Gedränge rund um die Theke.

THEATER

Ward Theatre, North Parade | Tel. 922 04 53; Little Theatre Movement (oft Tanzdarbietungen), *4, Tom Redcam Avenue | Tel. 926 61 29 | Mo/Di geschl.*

■ AUSKUNFT ■

JAMAICA TOURIST BOARD

64 Knutsford Boulevard | Tel. 929 92 00 | Fax 929 93 75 | info@visitjamaica.com

■ ZIELE IN DER UMGEBUNG ■

BLUE MOUNTAINS ★   [120 B-C3-4]

Die Gesteinsmassen vulkanischen Ursprungs erreichen mit dem ☀ *Blue Mountain Peak* (2256 m) ihren Höhepunkt. Erfahrene Wanderer schwärmen vom Gipfelsturm zu nachtschlafender Zeit. Mit Glück geben die Wolken pünktlich zum Sonnenaufgang den Blick auf die Insel frei. Überhaupt sind die Blue Mountains ein Paradies für Wanderer, allerdings ein anspruchsvolles. Die Trails sind oft steil und lassen den Schweiß trotz kühlerer Temperaturen in Strömen fließen. Belohnt wird die Mühe mit der Ansicht von kristallklaren Bächen, kleinen Wasserfällen, Schmetterlingen, Vögeln, Mangobäumen, Kaffeeplantagen und Blicken auf und über die grünen Kuppen der tropischen Bergwelt. Ein guter Ausgangspunkt ist das schön gelegene *Forres Park Guest House (14 Zi. | Tel. 927 59 57 | Fax 978 69 42 | www.forrespark.com | €– €€)* [120 B4]. Gipfeltouren ab zwei Personen organisiert auch *Sun Venture Tours* in Kingston, *30 Balmoral Avenue | Tel. 960 66 85 | Fax 920 83 48 | US$ 140 | www.sunventuretours.com.*

Wenige Kilometer entfernt ist der *Holywell National Park.* Kolibris umschwirren die Wanderer auf den ehemaligen Maultierpfaden, die sich durch den 1,2 km^2 großen Park ziehen *(Eintritt US$ 5 | Führungen Di– Sa 9–17 Uhr inklusive Eintritt US$ 10).* In luftiger Höhe von gut 1000 m nördlich von Irish Town gibt es ein besonderes Hotel, das ☀ *Strawberry Hill* [120 A3]. Zwölf Villen in traditioneller Holzbauweise bieten jeden erdenklichen Luxus, sogar geheizte Matratzen. Ein hervorragendes Restaurant gehört zur Anlage *(Tel. 944 84 00 | Fax 944 84 08 | www.islandoutpost.com/strawberryhill | €€€).* Folgen Sie der Straße über Newcastle hinaus, so erreichen Sie ☀ *The Gap Cafe* mit einer Aussichtsterrasse *(Tel. 997 30 32 | Mo geschl.).*

Insider Tipp

CASTLETON BOTANICAL GARDENS   [115 F5]

Quer durch den bereits 1862 eröffneten botanischen Garten führt die A 3, bevor sie nach 15 km Castleton erreicht. Auf dem 100 000 m² großen Gelände des Naturparks, der vom Wag Water River durchflossen wird, können Sie so gut wie alle Bäume bestaunen, die im Land wachsen. *Tgl. 6.30–18.30 Uhr | Eintritt frei*

HELLSHIRE [119 E4]

15 km südwestlich von Kingston, hinter Portmore, ist die Landschaft

MOUNTAIN RIVER CAVE [118 C2]

Von der Innenstadt in Spanish Town muss man sich nach Kitson Town durchfragen und von dort über Guanaboa Vale Richtung Point Hill fahren. Nach gut 5 km in *Cudgoe's Hill* nach *Monica (Tel. 705 27 90)* fragen. Am besten rufen Sie einen Tag vorher an. Bei starken Regenfällen ist der Weg zur verschlossenen Höhle

Die „Pride of Burma" können Sie in den Castleton Botanical Gardens bewundern

trocken, Büsche und Kakteen fühlen sich wohl, und es gibt einige Sandstrände. Der gepflegteste ist *Fort Clarence (Mi–Fr 10–17, Sa/So 7–17 Uhr | Eintritt J$ 200).* Von hier können Sie am Ufer entlang bis zu den Restaurantbuden der Fischer laufen. In der Woche ist hier nichts los, am Sonntag ein Platz mit viel Atmosphäre.

nicht passierbar. Von hier aus geht es zu Fuß zu der versteckt liegenden Höhle, in der es rund 200 alte Felszeichnungen gibt. Tainos haben Jagdszenen nachgestellt und mit wenigen Strichen Tier- und Vogelwelt verewigt. Der Eintritt ist frei, jedoch ist ein Trinkgeld von mindestens 500 J$ für zwei Personen angemessen. *40 km von Kingston*

PORT ROYAL ⭐ [119 E3–4]

Der kleine Fischerort liegt am Ende der schmalen und kahlen Landzunge *The Palisadoes* und damit am Eingang des großen natürlichen Hafenbeckens von Kingston, knapp 20 km vom Stadtzentrum entfernt. Die strategisch günstige Lage wurde früh erkannt und an der äußersten Spitze das mächtige *Fort Charles* errichtet. Es ist die schönste und besterhaltene Befestigungsanlage der Insel, mit einem kleinen maritimen Museum und einer Ausstellung zur Geschichte von Port Royal im alten Marinehospital. Außerhalb der Mauern steht das „schwindelige" *Giddy House,* nach dem Erdbeben von 1907 halb im Sand versunken *(tgl. 9–17 Uhr | Eintritt US$ 59.*

Bis zu seiner endgültigen Zerstörung durch ein Erdbeben und die darauf folgende Flutwelle 1692 war Port Royal das blühende und reiche Hauptquartier von Piraten; auch Henry Morgan, Jamaikas berühmtestem Freibeuter, residierte zeitweise hier. Heute kommen die Kingstoner vor allem am Wochenende hierher, um Fischgerichte zu essen. Der Favorit unter den kleinen Restaurants heißt *Gloria's (5 Queen Street | kein* **Insider Tipp** *Ruhetag | €–€€).* Man sitzt auf der Straße, der Fisch ist frisch, gut und preiswert. Boote fahren nach **Lime** **Insider Tipp** **Cay** [119 F4], einer malerischen kleinen Insel mit Sandstrand. Die Bootsanlegestelle befindet sich neben der Polizeistation. *Überfahrt US$ 10 pro Person*

SPANISH TOWN [119 D3] **Insider Tipp**

Wenige historische Spuren sind in der knapp 25 km von Kingston entfernt gelegenen ehemaligen Hauptstadt Spanish Town zu finden, in der heute über 145 000 Menschen leben. Sehenswert ist allein das seltsam unbelebt wirkende damalige Regierungszentrum *The Square* mit seinen georgianischen Gebäuden. An der östlichen Seite befindet sich das *Pa-*

> BLUE MOUNTAIN COFFEE
Der Grand Cru unter den Kaffeesorten

Ein Ritual wie bei einer Weinprobe: David Twyman schwenkt leicht die Tasse mit der dunkelschwarzen Flüssigkeit. Ein Schluck, ein kauendes Goutieren, ein zufriedenes Kopfnicken. Der weltberühmte Kaffee aus den Blue Mountains ist für den Kaffeepflanzer der Champagner unter den koffeinhaltigen Getränken – und der teuerste dazu. Wer dem 1300 m hoch gelegenen *Old Tavern Coffee Estate* der Twymans *(nur nach Vereinbarung | Tel. 865 29 78 |*

www.oldtaverncoffee.com) einen Besuch abstatten will, muss Zeit mitbringen. Nur Kaffeebohnen, die in dieser Region in Höhenlagen über 700 m herangereift sind, dürfen sich mit dem edlen Herkunftszertifikat schmücken. Wenn Sie den exklusiven Kaffee auch später frisch genießen möchten: Die Twymans liefern frei Haus per Kurierdienst zehn vakuumverpackte 227-g-Pakete für 220 US$ inklusive Verzollung.

KINGSTON

rish Council Office mit dem historischen Rathaussaal. Der 1762 fertig gestellte Ziegelbau mit seiner Schatten spendenden Kolonnade beherbergt heute die Kreisverwaltung. Im Süden wird der Park von der Ruine des *Court House* begrenzt. Das 1819 errichtete Gebäude fiel 1986 einem Brand zum Opfer.

Auf der gegenüberliegenden Nordseite befindet sich das klassizistische, kuppelgekrönte *Rodney Memorial.* Das Denkmal huldigt dem Befehlshaber der britischen Seestreitkräfte, der 1782 einen Angriff der französischen Flotte auf die britische Kolonie siegreich verhinderte. Im hinteren Teil des Gebäudes befindet sich heute das Nationalarchiv. Auf den Stufen des ebenfalls nur noch als Brandruine erhalten gebliebenen *King's House* (1762), wurde am 1. August 1838 das Ende der Sklaverei verkündet. In den rückwärtigen Stallungen ist heute das sehenswerte *People's Museum of Craft and*

Technology (Mo–Do 9.30–16.30, Fr bis 15.30 Uhr | Eintritt J$ 100) mit einer Sammlung von Alltagsgegenständen untergebracht.

Die Eisenbrücke über den Rio Cobre am Stadteingang ist inzwischen zum Weltmonument erklärt worden. 24,9 m breit spannt sich der 87-Tonnen-Koloss über den Kupferfluss. Seit 1931 ist *The Spanish Town Iron Bridge* nur noch für den Fußgängerverkehr passierbar.

Auf dem Rückweg nach Kingston sollten Sie einen Stopp im *White Marl Taino Museum* **[119 E3]** *(Mo bis Do 10–16, Fr 10–15 Uhr | J$ 100)* einlegen. Knapp 5 km hinter der Stadtgrenze gelegen, führt eine holprige Straße kurz nach der ersten lang gezogenen Linkskurve zu dem zwölfeckigen Bau. Er wurde einem *Bohio,* einer Hütte der Ureinwohner, nachgebaut. In elf Stationen dokumentiert das kleine Museum die Siedlungsgeschichte der Inselbewohner.

Ehemalige Regierungsgebäude am Parade Square in Spanish Town

PORT ANTONIO

 KARTE IN DER HINTEREN UMSCHLAGKLAPPE

[121 D2] Die kleine Hafenstadt wartet noch immer wie eine verwunschene Prinzessin darauf, touristisch wach geküsst zu werden. Zum Glück für jene Besucher, die Ruhe, schöne Sandstrände und die Erholung bei Wanderungen und Naturtourismus suchen. Am belebtesten ist Port Antonio im Dreieck von West und Harbour Street, dem Geschäftszentrum, an das sich linker Hand der Markt und der Segelhafen anschließen.

Gegenüber der mächtigen *Christ Church* aus Backstein zweigt eine schmale Gasse ab. Steil klettert sie zum ehemaligen ☀ *Bonnie View Plantation Hotel (Eintritt J$ 150)* hinauf. Der Blick auf die beiden natürlichen Hafenbecken auf *Navy Island* bis hin zum Leuchtturm im Osten ist die schönste Art, sich mit der Stadt Port Antonio (14 500 Ew.) vertraut zu machen.

■ SEHENSWERTES

BLUE LAGOON ☀

Ehemals die Hauptattraktion dieser Region, ist die wunderschöne Lagune nicht mehr ohne Kenntnis der Umgebung zugänglich. Einige Fischer steuern für zahlende Gäste von Winnifred's Beach die Lagune an (fragen Sie Cyntia). Zwei Personen zahlen etwa *40 US$*.

FOLLY ESTATE

Das einst stolze Landhaus, mit Säulen reich geschmückt, ließ 1905 der amerikanische Millionär Alfred Mitchell errichten. Übrig blieb von der 60-Zimmer-Villa auf der abgelegenen Landzunge in der Nähe des Leuchtturms nur eine malerische Ruine. Kurz vor Sonnenuntergang verklärt gelbes Licht die maroden Mauern, die mit Meersand gebaut wurden.

■ ESSEN & TRINKEN

DICKY'S

Die blaue Hütte auf den Klippen am Ortseingang von Port Antonio ist eigentlich kein Restaurant – es ist eine Erfahrung. Ein jamaikanisches Fünf-Gänge-Menü, zubereitet wie zu Kolonialzeiten, gibt es nur auf Vorbestellung. Wer etwas anderes als Wasser oder Kokosnusswasser trinken will, muss sich seine Getränke selbst mitbringen. *3 km westlich kurz vor Shansky Beach* | €€€

MILLE FLEURS ⌇

Insider Tipp

Die luftige Terrasse, möbliert mit grazilen, schmiedeeisernen Stühlen und weiß gedeckten Tischen mit Blumen und Kerzen, sorgt für eine heitere, unbeschwerte Atmosphäre. Das dreigängige Dinnermenü, zubereitet mit frischen lokalen Produkten, verwöhnt den Gaumen. Zur Auswahl stehen drei bis vier köstliche Gerichte, darunter ein vegetarisches. Das Gemüse stammt aus ökologischem Anbau. *Im Hotel Mocking Bird Hill* | *Tel. 993 72 67* | *kein Ruhetag* | €€ – €€€

WOODY'S LOW BRIDGE

Mrs. Cherry steht in der Küche und ist für die „beste jamaikanische Küche" zuständig. Woody, ihr Mann, serviert. Essen nur nach telefonischer Vorbestellung. *Drapers, am Fuß der*

PORT ANTONIO

Einfahrt zum Mockingbird Hill | Tel. 993 78 88 | €–€€

■ EINKAUFEN

In *Fairy Hill,* der östlichsten Gemeinde von Port Antonio, verkaufen Landfrauen handgeschöpftes Papier, das aus Naturmaterialen wie Banane, Brotfrucht und Bambus hergestellt wird *(nur nach Vereinbarung | Kontakt: Tel. 993 71 34).* Östlich von Port Antonio, in *Drapers,* befindet sich die kleine Galerie *Cariacou,* die Werke jamaikanischer Künstler ausstellt.

■ ÜBERNACHTEN

GEEJAM HOTEL

Das Hotel an der Macks Bay versteckt sich hinter hohen Mauern auf dem Gelände eines Plattenstudios. Die kleinen Villen sind mit allem erdenklichen Luxus und den Neuheiten hochmoderner Soundsysteme ausgestattet. *7 Zi. | Tel. 946 19 58 | www. geejamhotel.com | €€€*

IVANHOE'S GUEST HOUSE

Dies ist ein einfaches, sauberes Gästehaus, das sich hinter der Fassade eines Wohnhauses auf dem Titchfield Hill verbirgt. Die kleinen Zimmer sind über mehrere Etagen verteilt. *10 Zi. | 9 Queens Street | Tel. 993 30 43 | €*

MOCKING BIRD HILL ⭐

Auf dem „Hügel der Nachtigallen" liegt inmitten üppiger Vegetation dieses kleine, umweltfreundlich angelegte Hotel mit Swimmingpool, Bar- und Restaurantterrasse. Der Blick schweift über den tropischen Garten, in dem viele Vögel beobachtet werden können, zu den Bergen bis aufs Meer hinaus. Ein Shuttleservice zu den nahe gelegenen Stränden und die deutschsprachigen Besitzerinnen helfen bei der Organisation von Ausflügen. Die geräumigen Zimmer, möbliert mit Bambusmöbeln, haben Balkon oder Terrasse und Ventilatoren. *10 Zi. | Tel. 993 71 34 | Fax 993 71 33 | www.hotelmockingbird hill.com | €€*

■ TOUREN

Touren in die Umgebung bieten neben den unten genannten auch *Valley Hikes (26 Harbour Street | Tel. 993 30 85)* und *Grand Valley Hike (12 West Street | Tel. 993 41 16)* an. Ausreichend zeitliche Voranmeldung ist wichtig, da beide Anbieter oft nicht zu erreichen sind.

JAMAICA EXPLORATIONS ⭐

Barbara Walker und Shireen Aga, die Besitzerinnen des Hotels Mockingbird Hill, organisieren Wanderungen

Paradiesisch schöner Strand: Frenchman's Cove bei Port Antonio

ins Tal des Rio Grande und seiner Nebenflüsse in Begleitung von einheimischen Führern sowie geführte Touren in die Umgebung der *John Crow* und *Blue Mountains,* fernab der ausgetretenen Besucherpfade. Dabei lernen die Wanderer unter anderem das *Maroons Museum* und die Nachkommen der *Nanny of the Maroons* kennen, Jamaikas einziger Nationalheldin. *Tel. 993 71 34*

PORT ANTONIO SIGHTSEEING TOUR
Kenntnisreich zeigt Johanna Hart nach Voranmeldung *(Tel. 831 84 34 | joahart@gmail.com)* die Sehenswürdigkeiten der Hafenstadt.

■ STRÄNDE ■
Östlich von Port Antonio liegen versteckt drei traumhafte Strände (die Zufahrten sind nicht immer ausgeschildert):

Frenchman's Cove (Eintritt J$ 200) diente schon häufig als Naturkulisse für Werbefotografen; es folgen *San San (Eintritt J$ 200)* und zu guter Letzt ★ *Winnifred's Beach (Unkostenbeitrag J$ 80).* Dieser längste und noch nicht privatisierte der drei Strände ist am schwierigsten zu erreichen und in der Woche nicht sehr überlaufen. Hier verbringen Jamaikaner den Sonntag. Rastas betreiben kleine Restaurants und vermieten Hütten. Bei *Cynthia's* **Insider Tipp** *(€–€€)* gibt es die leckersten Langusten-, Hühnchen- und Fischgerichte. Sie hat hauptsächlich mittags geöffnet.

■ AM ABEND ■
Der *Roof Club (11 West Street | tgl. 20–6 Uhr)* ist vielleicht die bekannteste Diskothek Jamaikas: lange Theke, Spiegel, schwarze Wände, Sprüche in Neonfarben – alles ohne technischen Schnickschnack. Die Musik und die Drinks sind gut, am Wochenende ist die halbe Stadt hier. ▶▶ *La Best,* gleich neben an, gibt sich gediegener.

PORT ANTONIO

◼ AUSKUNFT ◼

JAMAICA TOURIST BOARD
City Centre Plaza | Tel. 993 30 51 | Fax 993 21 17

Zukunft ungewiss: die Nonsuch Caves

◼ ZIELE IN DER UMGEBUNG ◼
BOSTON BAY [121 E2]
In dem Ort (500 Ew.) 10 km östlich von Port Antonio ist die Luft rauchgeschwängert. An der Straße brutzeln auf riesigen Grills unter Wellblech-dächern portionierte Schweine und ganze Hühner. Von hier trat das scharf marinierte und gegrillte *Jerk Food* seinen Siegeszug über die Insel an. Egal, bei wem Sie einkehren: Lassen Sie sich diese Spezialität nicht entgehen. Verlangen Sie nach der grünen, extrascharfen Sauce, wenn Sie es *hot* mögen. *Tgl. Hähnchen ab etwa 9 Uhr, Schwein ab etwa 12 Uhr | €.* Gegen 17 Uhr sind die Vorräte meist erschöpft.

GREEN CASTLE ESTATE [115 F4]
Zu dem Plantagenhaus gehört neben der Orchideenzucht ein riesiger Kokospalmen- und Pimentbaumhain. Besucher können nach Anmeldung zuschauen, wie Gewürze hergestellt und aus der Kokosnussmasse Öle für Cremes, Shampoos sowie Badezusätze gewonnen werden. *Straße nach Robin's Bay, kurz hinter dem Abzweig an der Bushaltestelle links ab | www.greencastlejamaica.com*

LONG BAY [121 E3] *Insider Tip*
Der nach dem gleichnamigen Strand bei Negril längste Sandstrand Jamaikas beginnt etwa 20 km östlich von Port Antonio. Touristisch nicht überlaufen, ist diese Gegend eher etwas für Individualreisende. Häufig peitscht der Wind hohe Wellen ans Ufer. Wegen der Unterströmung ist an diesen Tagen das Baden riskant. Essen gibt es im *Golden Shore (€)* direkt am Strand. Ein Ferienhäuschen mit eineinhalb Zimmern für zwei Personen und Meerblick inklusive Abendessen vermietet der deutsche Schriftsteller Peter Paul Zahl: *Rose Hill | Tel. 844 23 27 | ppz@ppzon line.de | €.*

NONSUCH CAVES ❄ [121 D2]

Die Tropfsteinhöhle mit der 40 m hohen „Kathedrale" liegt 11 km von Port Antonio entfernt im Hinterland. Von der Terrasse der Nonsuch Caves haben Sie einen herrlichen Blick über die Nordostküste. Die Höhle ist zurzeit geschlossen, bei Redaktionsschluss stand noch nicht fest, ob und wenn ja wann und unter welchen Bedingungen sie dem Publikum wieder zugänglich gemacht wird. *An der Straße nach Nonsuch*

REACH FALLS ⭐ [121 E4]

Kurz hinter *Manchioneal*, 40 km von Port Antonio entfernt, biegt rechts eine Straße (ausgeschildert) zu den Reach Falls ab. Wer sich darauf beschränkt, am Fuß des großen Wasserfalls stehen zu bleiben, verpasst eine Urlandschaft mit Tümpeln, kleinen Fällen, moosbewachsenen Steinen, Farnen, beschirmt vom Regenwald. Mit einem Führer ist diese verwunschene Welt sicher zu entdecken. Bis zu zwölf Pools können durchschwommen werden. *Mi–So | mit Führer US$ 10.*

RIO GRANDE RAFTING [120 C2]

Errol Flynn baute sich als erster Bambusflöße, mit denen Bananen und andere landwirtschaftliche Produkte zum Meer transportiert wurden, zu Lustbarkeiten um. Seine Idee hat sich durchgesetzt. Am Ufer der Ausgangspunkte *Barrydale* und *Grant's Level* liegt eine ganze Flotte von Flößen bereit. Ein Raft besteht aus gut 10 m langen Bambusstämmen und ist 1,50 m breit. Zwei Personen passen auf die spartanische Sitzbank. Der Captain stakt mit einem ungeheuer langen Bambusstab durchs Gewässer. Zwei bis drei Stunden dauert die Fahrt über den breiten, meist ruhig dahinfließenden Rio Grande. Die Fahrt ist beschaulich und abwechslungsreich, kein abenteuerlicher Ritt auf strudelndem Wildwasser. An tiefen Stellen kann auch gebadet werden. Anfahrt mit Taxi oder PKW. Am Besten fahren Sie nach *Rafter's Rest,* dem Endpunkt der Tour, und lassen sich von dort mit einem Taxi nach Barrydale bringen. *Tgl. 9–16 Uhr | US$ 42 pro Floß (2 Pers.) | Rafter's Rest*

> PIRATENBURG RIVER LODGE

Ein ruhiger Ort zum Entspannen

Ein richtiges Piratennest: Meterdicke Wände und bewehrte Zinnen schmiegen sich unauffällig in die abgelegene Bucht von Robin's Bay. Von der Anfang des 17. Jhs. erbauten Trutzburg brachen Freibeuter zu ihren Kaperfahrten auf. In den 1990er-Jahren hat Brigitta Fuchslocher die „Piratenburg" in der Nähe von Strawberry Fields gekauft. Die Ortschaft, der ein Erdbeerfeld den Namen gab, soll die Beatles zu ihrem Song „Strawberry Fields for ever" inspiriert haben. In den riesigen, spartanisch eingerichteten Zimmern verlieren sich die Betten. Der Innenhof wird als offener Speisesaal genutzt, und in der Küche können sich die Gäste auch mal selbst ihren Tee aufbrühen. *5 Zi. und 2 cottages, Halbpension | Annotto Bay | Tel. 995 30 03 | www.river-lodge.com | €*

> EINSAM, URSPRÜNGLICH UND EIN WENIG RAU

Wohl fühlt sich hier, wer das kleine, unspektakuläre Abenteuer sucht

> **Die Südküste ist flach, grün und endet meist ohne Strand recht abrupt am Meer. Dazwischen verlieren sich einige Sandbuchten und kleine Fischerdörfer. Der Fang des Tages wird am Straßenrand zum Verkauf angeboten.**

In Black River schwenkt die Hauptstraße landeinwärts und führt am Rand des sumpfigen Flussgebiets des Black River Richtung Mandeville. Kurz hinter Middle Quarters wird die Straße zu einer Allee besonderer Art:

Riesige Bambusstauden bilden mit ihren biegsamen Stämmen einen schattigen, grünen Tunnel über mehrere Kilometer hinweg. Die *Bamboo Avenue* gehört zu den beliebtesten Fotomotiven der Insel. Östlich von Black River wird die Landschaft immer karger, Weiden dominieren, das Klima ist trocken und heiß. Mannshohe Kakteen und unberührte Strände ohne Schatten sind keine Seltenheit.

Bild: Y. S. Falls

DER SÜDEN

BLACK RIVER

[116 A2] **An der westlichen Südküste sind größere Orte rar. Black River, Kreishauptstadt von St. Elizabeth, gilt mit etwa 4100 Einwohnern schon als ansehnliches Städtchen.** Das Leben verläuft geruhsam. Black River war um 1900 ein geschäftiger Hafen. Kampecheholz, auch Blauholz genannt, aus dem man Farbstoff gewann, wurde auf dem Black River zum Meer transportiert

und nach Europa verschifft. Spuren des ehemaligen Reichtums gibt es noch. Entlang der Uferstraße, der High Street, stehen einige schöne Patrizierhäuser im georgianischen Zuckerbäckerstil. Aufwendige Schnitzereien zieren Giebel und Balkone.

■ SEHENSWERTES

BLACK RIVER

Eine Fahrt auf dem Black River, mit iner Länge von 70 km Jamaikas

BLACK RIVER

größter Fluss, ist die Attraktion. Das Wasser des Flusses scheint wegen des dunklen Grunds schwarz zu sein, dabei ist es kristallklar. An den Ufern ankern Mangroven mit ihrem dichten Geflecht aus Wurzeln fest im Wasser, hohes Schilf verwehrt Einblicke, Wasserhyazinthen sind zu einem grünen Teppich verwoben. Reiher und

■ ESSEN & TRINKEN ■

ANDRENE'S

Im Zentrum hinterm Markt wird schmackhaftes *curry goat* serviert. *Brigade Street | So geschl. | €*

CLOGGY'S

Das Strandrestaurant kennen vor allem die Einheimischen. Den fangfri-

Die Krokodile im Black River sind Boote mit Touristen gewöhnt

andere Vögel verstecken sich im dichten Grün. Die Stars der anderthalbstündigen Tour aber sind die Krokodile: Etwa 35 Exemplare zählt die seit 1971 geschützte Kolonie. Gestartet wird täglich direkt bei der Brücke an beiden Ufern des Flusses: *Black River Safari (Tel. 965 25 13 | US$ 16,50 pro Person) oder St. Elizabeth Safari (Tel. 965 23 74 | US$ 17 pro Person).*

schen Fisch kann man direkt aussuchen, bezahlt wird nach Gewicht. Und danach wandert das Schuppentier in den Topf oder in die Fritteuse. Bei weniger als fünf Euro ein Schnäppchen für Fischliebhaber. Jedoch dauert es dafür etwas länger. Aber die Wartezeit lässt sich mit einem Fruchtsaft oder einen eiskalten Bier gut überbrücken. *An der Strandstraße Richtung Parottee Beach, 3*

> *www.marcopolo.de/jamaika*

km südöstlich | Tel. 674 24 24 | kein Ruhetag | €

der Top
FLOYD'S PELICAN BAR

An uriger Atmosphäre kaum zu überbieten: mitten im Meer auf Stelzen. Eine Bretterbude der besonderen Art, von der die Besucher noch Wochen danach schwärmen. Wer will: Fangfrischen Fisch gibt es zu moderaten Preisen. *Stadtnah südöstlich von Black River | Tel. 354 42 18 | kein Ruhetag | €*

WATERLOO

Im Restaurant des Hotels im georgianischen Stil scheint die Zeit stehengeblieben zu sein. Die Küche bietet jamaikanische Küche mit Hühnchen, Fisch und Gegrilltem. *44 High Street | Tel. 965 22 78 | kein Ruhetag | €–€€*

■ EINKAUFEN

MARKT

Am Donnerstagabend, wenn der wöchentliche Markt beginnt, erwacht das Städtchen. Ein buntes Treiben beginnt. Selbst nachts haben Stände geöffnet. *Beginn Do 17.30 Uhr, Ende Sa 17.30 Uhr | Marktgelände Brigade Street*

■ ÜBERNACHTEN

ASHTON GREAT HOUSE

Insider Tipp

Wenige Kilometer entfernt von Black River, an der Straße nach Middle Quarters, liegen die kleine Ortschaft *Luana* und, erhöht auf einem Hügel, ihr renoviertes Haupthaus. Die „gute Stube" dient als gemütliches Restaurant. Die Zimmer, mit abgeteilten Bädern im selben Raum, sind einfach eingerichtet. Von den Terrassen schweift der Blick weit über die fernen Hügel und die Küstenebene bis aufs Meer hinaus. *25 Zi. | Tel./Fax 965 20 36 | €*

INVERCAULD GREAT HOUSE & HOTEL

Das über 100 Jahre alte Herrenhaus im kolonialen Zuckerbäckerstil leuchtet in frischem Schneeweiß. Es liegt am Ortseingang, etwas zurückgesetzt von der Uferstraße. Es wurde renoviert, und neue Gebäude im alten Stil entstanden. In den Neubauten werden Suiten vermietet. *48 Zi. | 65 High Street | Tel. 965 27 50 | Fax 965 27 51 | €€*

SANDALS WHITEHOUSE

Auf der großzügig gestalteten Anlage 14 km westlich von Black River mit dem europäisch gestylten Piazza-

MARCO POLO HIGHLIGHTS

★ **Y. S. Falls**
Ein Besuch im Vorgarten Edens mit malerischen Wasserfällen (Seite 67)

★ **Accompong**
Eine Gemeinde der Maroons – stolze und autonome Nachfahren der ersten Sklaven (Seite 66)

★ **Jake's**
Ein Hideaway im Süden – mit viel Sinn für Farben und Formen gestaltet (Seite 69)

★ **Alligator Hole River**
Beschauliche Kanufahrt mit Mangroven, Schilf und Seekühen (Seite 71)

BLACK RIVER

Ambiente verlieren sich die viergeschossigen Gebäude. Perfekter Service, großzügig gestaltete Zimmer und eine beeindruckende Vielzahl von erstklassigen Restaurants, zwischen denen Sie Voranmeldung wählen können. Die erste All-Inclusive-

Verkaufsstand in Middle Quarters

Anlage im Süden. *360 Zi.* | *Whitehouse, Westmoreland* | *Tel. 640 30 00* | *Fax 640 30 01* | *www.sandals.com* | *€€€*

◼ TOUREN ◼

Kenntnisreich und zu den nicht allen bekannten Sehenswürdigkeiten führt die Deutsch-Jamaikanerin Claudia Suleiman auch ins Hinterland der Südküste. Eine Tagestour kostet rund

80 Euro. *Tel. 454 01 98* | *sweptawy claudia@web.de*

◼ ZIELE IN DER UMGEBUNG ◼

ACCOMPONG ★   [112 B4–5]

Hoch oben am Rand des unzugänglichen *Cockpit Country,* 47 km von Black River entfernt, liegt der Hauptort der Leeward-Maroons. Um die 900 Nachfahren der ersten, von den Spaniern freigelassenen Sklaven leben heute noch zurückgezogen in den Bergen. Fast 100 Jahre lang kämpften sie für ihre Unabhängigkeit gegen die Briten, bis 1738/39 Friedensverträge geschlossen wurden. Die Maroons (abgeleitet vom spanischen *cimarrón,* wild) konnten einen gewissen Autonomiestatus bis heute bewahren. Sie zahlen keine Steuern, sprechen Recht über Delikte, die Maroons auf dem Gemeinschaftsland begehen, und regeln die Landvergabe nach Bedarf und Befähigung der Gemeindemitglieder.

Die Unabhängigkeit bringt den Nachteil, dass der jamaikanische Staat den Maroons keinerlei regelmäßige finanzielle Zuwendungen gewährt. Die Zufahrt wählt man am besten aus Richtung Maggotty. Ein Besuch sollte vorher beim amtierenden Colonel, quasi dem Staatschef, angemeldet werden. Man wird liebenswürdig empfangen und herumgeführt. Etwas außerhalb steht der große Kindah-Baum, unter dem sich bei den Unabhängigkeitsfeiern am 6. Januar Tausende von Maroons aus aller Welt versammeln. <mark>Eine Wanderung über unbefestigte Pfade</mark> *Insider Tip* führt ins tiefer gelegene Old Town und zum Grab des Anführers und Helden Koyo. Das Dickicht ist für die Ma-

roons ein unerschöpfliches Reservoir an Heilkräutern, Gewürzen, Tees, essbaren Früchten. Die Maroons sparen nicht mit Erklärungen und Anekdoten. Besucher sollten sich Zeit nehmen, Menschen und Landschaft zu erfahren. Führungen: *Tenneth (Tel. 700 88 05) oder Marc (Tel 498 76 88) | US$ 20*

APPLETON ESTATE   [116 B1]

Touren zur größten Rumbrennerei Jamaikas mit über 250-jähriger Geschichte werden in vielen Orten angeboten. Am bequemsten ist die Brennerei jedoch von Black River aus zu erreichen. Der Weg ist gut ausgeschildert (Appleton Rum Tour). Der Rundgang führt dann zur Destillerie mit den Brennöfen und der Lagerhalle mit den Rumfässern. Am Schluss gibts eine kleine Rumprobe. *Mo–Sa 9–16 Uhr | Eintritt US$ 15*

MIDDLE QUARTERS   [116 A2]

Der Weg nach Accompong, Appleton und zu den Y. S. Falls führt durch Middle Quarters, etwa 14 km nördlich von Black River. Das Straßendorf hat sich auf die Zubereitung und den Verkauf von scharfen Krabben spezialisiert. Rechts und links der Straße stehen Buden, in denen die Tierchen in Salzwasser mit rotem Pfeffer gekocht und anschließend in Portionen ab 200 J$ angeboten werden.

Y. S. FALLS ★   [112 A5]

Einer der schönsten Wasserfälle Jamaikas *(www.ysfalls.com)* versteckt sich im Hinterland, etwa 25 km von Black River entfernt. Bis Middle Quarters folgen Sie der gut ausgebauten Hauptstraße nach Mandeville und biegen wenig später links ab. Nach etwa 3 km markiert ein kleines Schild eine weitere Abzweigung nach links. Die Straße führt zu einem Parkplatz und einem Verwaltungsgebäude. Die Wasserfälle sind Privateigentum, das nur während einer geführten Tour in Augenschein genommen werden darf. Vom Parkplatz

> DIE BLONDEN VON SEAFORD
Deutsche Handwerker suchten ihr Glück in der Karibik

Häuser und Hütten des Dorfs Seaford Town, das sich großspurig Stadt nennt, liegen versprengt im Hügelland 25 km nördlich von Middle Quarters. Es unterscheidet sich von vielen anderen ländlich-armen Gemeinden nur durch die Hautfarbe der Bewohner. Einige von ihnen sind weiß, haben blaue Augen und stammen von deutschen Siedlern ab. Es waren kleine Handwerker aus dem Weserbergland, die sich zwischen 1834 und 1850 in dieser abgelegenen und nicht besonders fruchtbaren Gegend niederließen. Die industrielle Revolution in Deutschland hatte ihnen die Existenzgrundlage genommen. Nur einmal konnten sie etwas Ruhm ernten: Im Film „Papillon" spielten knapp 200 Dorfbewohner die ausgemergelten Gefangenen eines Straflagers. Ein mit Hilfe der Deutschen Botschaft errichtetes Museum erzählt die Geschichte der Glücklosen. Kontakt: *Jannette Lynch | Tel. 371 21 00*

transportieren traktorgezogene Planwagen die Besucher zu der Naturschönheit. Endstation ist eine parkähnliche Anlage am Fuß der Fälle. Die weitere Erkundung erfolgt auf eigene Faust und zu Fuß. Der Y. S. River stürzt in etwa 15 Stufen zu Tal. Auf einem befestigten Weg lässt es sich an der Seite bequem und trocken hinaufsteigen. Die Y. S. Falls sind nicht spektakulär, aber bezaubernd schön. *Di–So 9.30–15.30 Uhr | Eintritt US$ 14*

TREASURE BEACH

[116 B4] **Der ehemalige Fischerort (1000 Ew.) ist eher eine Ansammlung von Häusern, die sich über vier Strände, Billy's, Frenchman's, Calabash und Great Bay, erstrecken.** Die leicht geschwungenen Buchten, mit feinem dunkelgelben Sand gefüllt, ziehen inzwischen Individualreisende aus der ganzen Welt an. Luxusherbergen, Nachtleben oder gar Dutyfreeshops gibt es hier nicht. Dafür kennt man sich schnell untereinander.

Touristische Attraktionen gibt es nicht. Eine Strandwanderung über mehrere Buchten hinweg, das Brausen von Wind und Brandung im Ohr, ist das beste Sportangebot vor Ort. Treasure Beach eignet sich als Ausgangsort für Touren entlang der Südküste bis nach Milk River und nach Mandeville. Und noch ein Tipp: In Treasure Beach haben sich US-Dollar und Kreditkarten noch nicht überall als Zahlungsmittel durchgesetzt, deshalb genügend Jamaika-Dollars einstecken.

■ ESSEN & TRINKEN ■

JAKE'S RESTAURANT
Romantisch bei Kerzenlicht dinieren, während sich die Wellen an den Klippen brechen. Feinschmecker schwören auf die leichte, an mediterrane Küche erinnernde Zubereitung der Fischspeisen. *Calabash Bay | Tel. 965 30 00 | kein Ruhetag | €€€*

SEASIDE RESTAURANT
Das zum Hotel *Marblue* gehörende Restaurant ist zum Geheimtipp für Feinschmecker geworden, nicht nur in der Südregion. In den letzten beiden Jahren hat „Hobbykoch" Axel Wichterich fast jeden Preis gewonnen, der für exzellente Küche in Jamaika ausgelobt wurde. Die feine jamaikanische Fusion-Küche sucht ihres gleichen. *Old Warf, Calabash Bay | Tel. 965 34 08 | kein Ruhetag | €€–€€€*

SOUTH JAMMIN
Das Caférestaurant hat sich einen festen Platz in Treasure Beach gesichert. Hier bekommen Sie einfache, aber schmackhafte jamaikanische Gerichte. *Main Road | Tel. 377 48 25 | kein Ruhetag | €*

■ ÜBERNACHTEN ■
An der Hauptstraße gibt es mehrere kleine Pensionen und Privatunterkünfte. Auch können private Villen, teilweise mit Pool, gemietet werden *(www.treasurebeach.net)*.

GOLDEN SAND
Die schlichte Pension liegt am Hauptstrand und ist bei deutschen Gästen beliebt. Der freundliche Besitzer Louis Winford kümmert sich

persönlich um das Wohl seiner Gäste. *23 Zi. | Main Road | Tel. 965 01 67 | €*

JAKE'S ⭐

Das farbenfrohe Design der *cottages* erfreut das Auge und stimmt heiter. Jedes ist individuell gestaltet und eingerichtet in einem Stil, der marokkanische und mexikanische Elemente vereint. Alle liegen direkt am Meer über den Klippen. Ein klitzekleiner Strand – mit Strandbar – lädt zum Sonnen ein, ein origineller Salzwasserpool sorgt für Erfrischung. *15 cottages mit 17 Zi. | Tel. 965 06 35 | Fax 965 05 52 | www.islandout post.com/jakes | €€ – €€€*

MARBLUE

Der einzige Lärm in dem kleinen, aber wirklich feinen Hotel von dem Ex-Kölner Ehepaar Axel Wichterich und seiner Frau Andrea ist das sanfte Rauschen der Meeresbrandung. Alle Zimmer verfügen über ein offenes Wohnzimmer mit stilvoll eingerichteten Möbeln. Zwei kleinere Pools und ein kleiner Strand sorgen für Erfrischung. *8 Zi. | Old Warf, Calabash Bay | Tel. 965 34 08 | Fax 840 57 72 | www.marblue.com | €€€*

SUNSET RESORT & VILLAS

Die Villa und die kleinen Nebengebäude liegen direkt oberhalb einer der schönen Strandbuchten. Die Atmosphäre ist privat, man fühlt sich gleich wie zu Hause. Mit Pool, großem Wohnbereich für alle, Bar und Restaurant. Komfortable Zimmer, teilweise mit Küche. *14 Zi. | Calabash Bay | Tel. 965 01 43 | Fax 965 05 55 | €€ – €€€*

◾ STRÄNDE

Mehrere Sandstrände reihen sich aneinander. Manchmal rollt die Brandung in hohen Wellen ans Ufer, und kräftige Strömungen erlauben nicht immer gefahrloses Schwimmen.

◾ AM ABEND

Der Nightspot und angesagter Hangout In Treasure Beach ist

Jake's: schöner wohnen in originell gestalteten Cottages

▶▶ *The Wild Onion,* wo sich jeden Abend die Tanzwütigen des Orts ab 22 Uhr treffen. Nur noch selten (in der Wintersaison) öffnet *Fisherman's* – aber dann geht hier die Post wie in alten Zeiten ab.

■ ZIELE IN DER UMGEBUNG ■

ALLIGATOR POND   [117 D4]

Der kleine Fischerort 32 km östlich ist über eine enge und kurvenreiche Straße zu erreichen. Doch die Mühe lohnt sich, wenn Sie das ursprüngliche Jamaika erleben wollen. Gegen Mittag putzen und verkaufen die Fischersfrauen direkt am Strand aus Plastikschüsseln und Wannen den Fang der Männer. Am Samstag kommen Kunden aus der ganzen Umgebung, denn dann ist außerdem Markt im Ort. Verstärkte Reggae-Beats bringen Trommelfelle und Hüften zum Schwingen, an der Straße zum Meer sind Stände aufgebaut, an denen Lebensmittel und Gebrauchsge-

genstände verkauft werden. Obwohl der lange, dunkle Sandstrand zum Baden lockt, wird er weder von Urlaubern noch von Einheimischen für ein längeres Sonnenbad oder Strandleben genutzt. Fangfrischen Fisch gibt es am Strand bei *Little Ochie* Ins* *(kein Ruhetag | €–€€),* einem urigen Lokal – einige Tische sind in aufgebockten Holzbooten untergebracht. Besonders empfehlenswert ist der *Fish Tea,* die Fischsuppe.

MANDEVILLE   [117 D2]

Es ist der Traum wohlhabender Jamaikaner, sich im Alter ins kühle, etwa 650 m hoch gelegene Mandeville (48 000 Ew.) zurückzuziehen. Das Zentrum mit der mächtigen Hauptkirche und dem sehenswerten Gerichtsgebäude ist lebendiger Mittelpunkt der 50 km östlich gelegenen Stadt. Direkt hinter der Kirche mit dem verfallenen Friedhof beginnt der große *Markt,* samstags Anziehungspunkt für viele Besucher *(Mo–Sa 6–18 Uhr).* In die hügelige Landschaft rings um die Stadt sind leuchtend rote Wunden geschlagen: Hier wird Bauxit im Tagebau gewonnen. Wer die Hügellandschaft von Manchester County erkunden will, kann rund 20 km nördlich beim Ort Christiana im Landsitz *Villa Bella (kein Ruhetag | Tel. 964 22 43 | €€)* einkehren. Das Restaurant bietet jamaikanische Küche. Für Übernachtungsgäste stehen 14 gemütliche Zimmer zur Verfügung.

>LOW BUDGET

> Die Fischer in Black River, direkt hinter der Brücke, wissen auch, wo die Krokodile im seichten Wasser treiben und fahren Sie dort hin. Preis Verhandlungssache.

> Fischer Sam in Parottee Beach (10 km südöstlich von Black River) rudert für 600 J$ Besucher zur Pelican Bar.

> Der wohl längste unbebaute Strand auf der grünen Insel: *Fort Charles Beach.* Und keine Zäune versperren den Zugang, allerdings bieten aber auch keine Buden Essen an. *7 km westlich von Treasure Beach*

MILK RIVER BATH UND
ALLIGATOR HOLE RIVER   [117 F4]

Schon 1794 wurden die ersten beiden Bäder eröffnet, gespeist von einer

Mineralwasserquelle mit einer Radioaktivität, die neunmal so hoch ist wie die von Bath in England. Rheuma, Rücken- und Kopfschmerzen, Kreislaufprobleme – die Palette der Leiden, die das Wasser lindert, ist noch um einiges länger.

Die Anlage entspricht nicht dem Standard eines europäischen Kur-

Kurz vor Milk River Bath führt eine Straße nach rechts zum ★ *Alligator Hole River.* Im Mündungsbereich des Flusses leben vier *Manatis.* Die mächtigen Seekühe, die bis zu 4 m lang werden, sind Vegetarier. Sie weiden das Schilf der Ufer ab. Auf Wunsch rudert der Aufseher Sie den Fluss hinab bis zur Mündung, die

Full House: Gottesdienst in der Kirche von Mandeville

bads, ist aber hygienisch einwandfrei. Die Badezeit wird auf 15 Minuten begrenzt. Jamaikaner kommen von weit her, eine telefonische Reservierung empfiehlt sich deshalb *(Tel. 902 69 02 | tgl. 7–21 Uhr | J$ 400).* An den Wochenenden hat auch ein Mineralfreibad geöffnet. Wohnen können Sie im einfachen *Milk River Bath Hotel (21 Zi. | Tel. 902 69 02 | €€).*

Insider Tipp

von einer Sandbank verschlossen wird. Er kennt die Verstecke und Gewohnheiten der Seekühe, und mit etwas Glück können Sie sie im klaren Wasser tauchen sehen. Für die Bootstour wird nichts verlangt, ein gutes Trinkgeld *(etwa 300 J$)* ist aber angebracht. Zwischen 16 und 16.30 Uhr werden die Seekühe direkt am Ufer, wo der Aufseher sitzt, gefüttert.

Insider Tipp

> PALMEN, STRAND UND SONNENUNTERGANG

Für viele Touristen ist das West End der Traumurlaubsplatz schlechthin

> Die Jamaikaner konnten dem schmalen westlichen Ende ihrer Insel lange Zeit wenig abgewinnen. Außer Sumpf, Sand und Meer gab es nichts, bis 1960 nicht einmal eine vernünftige Straße. Nur ein paar Fischer lebten in Punta Negrilla, wie einst die Spanier das Westende nannten.

Heute steht Negril für Strand und einen lockeren Urlaub mit viel Sonne im Reggae-Takt. Aus allen Teilen der Insel kommen Menschen vor allem während der Hochsaison im Winter hierher, um in der Tourismusbranche ein paar Dollar zu verdienen. Touristen auf der Suche nach dem karibischen Traumstrand werden hingegen in wachsender Zahl angezogen. Verlässt man Negril Richtung Süden, sind noch Reste des *Great Morass*, des großen Sumpfs, auszumachen. Die nächste größere Siedlung in etwa 30 km Entfernung heißt Savanna-La-Mar. Die Hauptstadt des Bezirks Westmoreland hält einen tragischen

Bild: Negril, Long Bay

DER WESTEN

Rekord: Seit ihrer Gründung 1730 wurde sie dreimal durch Hurrikans zerstört. Gen Norden schlängelt sich die zum Teil autobahnähnlich ausgebaute A 1 vorbei an winzigen Buchten und kleinen Ortschaften.

NEGRIL

[110 A4] **11 km lang ist der Strand von Negril, und damit ist er der längste auf Jamaika. Sanft laufen türkisfarbene Fluten** **auf weißem Sand aus.** Palmen und andere Bäume spenden etwas Schatten. Der südliche Strandabschnitt ist der lebhafteste. Pensionen, kleine Hotels und Strandbars liegen dicht beieinander. Jetski, Surfbretter, Tretboote können gemietet werden, während die jamaikanischen Beachboys ihre Fertigkeiten im Strandkricket verfeinern oder zusammen mit den Gästen Volleyball spielen. Der Strand von Negril ist nichts für empfindliche

Seelen, besonders wenn sie nach paradiesischer Einsamkeit suchen. Die Zeiten, als die Blumenkinder den abgelegenen Strand entdeckten, an dem bis dahin nur ein paar Fischer lebten, sind lange vorbei. Heute zählt Negril fast 7000 Einwohner. Weiter nördlich stehen die größeren Hotels. Ordnungshüter haben hier ein wachsames Auge auf das Geschehen, und

Strand. Klippen erheben sich über kleinen, felsigen Buchten, in denen das Wasser in allen Blauschattierungen schimmert. Die *West End Road* schlängelt sich um die Klippen und windet sich um den Leuchtturm. Zwischen Straße und Kliffkante finden sich in idyllischer Lage kleine Pensionen, Privatunterkünfte und Boutiquehotels.

Rick's Café in Negril ist eine der besten Bars der Welt

Hotelfremde müssen oft ganz wegbleiben. Parallel zum Strand verläuft die Hauptstraße und Lebensader von Negril, der *Norman Manley Boulevard,* gesäumt von unzähligen Souvenirständen, Fahrrad-, Moped- oder Motorradverleihen. Der Boulevard endet am Kreisverkehr. Hier, im Mittelpunkt von Negril City, gibt es ein Einkaufszentrum mit verschiedenen Läden und eine Wechselstube. Ungefähr auf gleicher Höhe endet auch der

▆▆ SEHENSWERTES ▆▆

BOOBY CAY

Die kleine Insel diente als Kulisse in der Verfilmung von Jules Vernes' „20000 Meilen unter dem Meer". Alles Illusion – in solche Abgründe fällt das Meer nicht ab! Davon kann sich jeder schnorchelnd überzeugen.

RICK'S CAFE ⭐ ☀ ▶▶

Das Café gehört angeblich zu den zehn besten Bars der Welt. Unver-

> *www.marcopolo.de/jamaika*

wüstlich: Hurrikans wie Ivan 2004 haben den Ort völlig zerstört. Sturmsicher wurde das Café wieder aufgebaut. Hunderte von Touristen pilgern meist schon Stunden vor Sonnenuntergang zum „World Famous Rick's". Die Schaulustigen drängeln sich am Rand der Klippen. Boote kreuzen vor der Küste. Ähnlich wie Key West in Florida ist Rick's Cafe auf Jamaika *der* Platz, um den Sonnenuntergang zu genießen. Für die Unterhaltung sorgen mutige Männer und Frauen, die sich von den Klippen ins dunkelblaue Wasser stürzen. *Vor dem Leuchtturm, West End Road*

▇ ESSEN & TRINKEN ▇▇▇▇

COSMO'S
Wer möchte, kann beim Essen seine Füße im weichen, weißen Sand vergraben, denn einige Tische stehen unmittelbar unter heranwachsenden Palmen am Strand. Die Küche ist auf Fischgerichte spezialisiert. *Escoveitch fish* – gegrillter Fisch mit scharfer Pfeffersauce – gehört zu den besten Produkten, die die Küche des alteingesessenen Strandlokals serviert. Am dazugehörigen schönen Strandabschnitt – nördlich neben dem Hotel Beaches – lässt es sich gegen eine Gebühr von 300 J$ den ganzen Tag aushalten. *Norman Manley Boulevard | Tel. 957 43 30 | kein Ruhetag | €–€€*

JUICY J'
Im Hinterhof der Scotia-Bank versteckt sich das kleine Restaurant mit guten Fruchtsäften und einheimischer Küche von *escoveitch fish* bis *oxtail.* Beliebt besonders zur Mittagszeit. *Anfang West End Road | Tel. 957 42 13 | kein Ruhetag | €*

KUYABA ★
Der Frühstückstreff an der Long Bay. Aber was das Abendmenü an Qualität zu bieten, stellt alles in den Schatten. Vor allem die frisch zubereiteten Riesengarnelen und Langusten in der Saison sowie das *Brown Stew* (Conch-Gericht) sind konkurrenzlos. Kostenloser Abholservice. *Norman Manley Boulevard | Tel. 957 43 18, kein Ruhetag | www.kuyaba.com | €€–€€€*

MI YARD
Das auf Stelzen gebaut Rasta-Lokal hat rund um die Uhr geöffnet und bietet einfache, aber schmackhafte jamaikanische Küche, darunter *ackee*

MARCO POLO HIGHLIGHTS

★ **Long Bay**
Immer noch ein Traum – der 11 km lange Strand von Negril (Seite 78)

★ **Kuyaba**
Frühstück direkt am Strand unter Palmen – der Treffpunkt für den Morgen (Seite 75)

★ **Mayfield Falls**
Nicht der größte, dafür für viele der schönste Wasserfall auf Jamaika (Seite 80)

★ **Rick's Cafe**
Eine Pilgerstätte für Freunde des Sonnenuntergangs (Seite 74)

and *saltfish* zum Frühstück. Dazu gehört ein Internetcafé. *West End Road | Tel. 957 44 42 | €*

ROCKHOUSE ▶▶

Der Fischeintopf *Old Time Synting* aus Krebsfleisch, Krabben, Tintenfischen und Rotem Schnapper, den das

den Wänden schaffen karibische Gemütlichkeit. Serviert werden pikant gewürzte, lokale Gerichte wie Fischcurry in Kokosmilchsauce oder Ochsenschwanzgulasch. Das Sweet Spice ist bei Jamaikanern beliebt und gut besucht. *White Hall Road | Tel. 957 46 21 | kein Ruhetag | €*

Einfache, schmackhafte jamaikanische Gerichte gibts im Rasta-Lokal

Restaurant des gleichnamigen Hotels anbietet, ist legendär. Die Küche liefert auch sonst Spitzenqualität. *West End Road | Tel. 957 43 73 | www. rockhouse.com | kein Ruhetag | €€– €€€*

SWEET SPICE

Dieses einfache Restaurant in einer knallblauen Holzhütte liegt links an der Straße nach Savanna-La-Mar. Blümchenvorhänge und Bilder an

■ EINKAUFEN ■

Am Ende der Strandzone, kurz vor der Überquerung des South Negril River, befindet sich der *Craft Market*. Auch die meisten Hotels des Orts verfügen über einen Shop, in dem Kunsthandwerk angeboten wird. Ausgefallene Arbeiten, Gemälde, Zeichnungen und Schnitzereien bekommen Sie in *Negril Vendors Plaza* und in der *Gallery Hoffstead*.

■ ÜBERNACHTEN ■

BLUE CAVE CASTLE 🔊

Das burgähnlich verwinkelte Gebäude verfügt über schlichte, aber geschmackvoll eingerichtete Zimmer. Unterirdisch finden sich mehrere ehemalige Piratenhöhlen, die für Gäste zugänglich sind. *14 Zi.* | *West End Road* | *Tel. 957 48 45* | *www.blue cavecastle.com* | €

COUNTRYCOUNTRY 🔊

Offene Anlage im Bungalowstil, farbenfroh gestrichen und zweckmäßig ausgestattet. Wert wird auf Ruhe gelegt, auch wenn der nahe Hangout Margarittaville das nicht immer zulässt. *20 Zi.* | *Norman Manley Boulevard* | *Tel. 957 42 73* | *Fax 957 43 42* | *www.countryjamaica.com* | €€

IDLE AWHILE 🔊

Die großzügigen, offenen Räume sind mit allem erdenklichen Komfort ausgerüstet, geschmackvoll dekoriert und vor allem auch farblich durch und durch karibisch gestaltet. Ein guter Anlass, eine Weile *(awhile)* abzuhängen *(idle)*. *14 Zi.* | *Norman Manley Boulevard* | *Tel. 957 33 02* | *Fax 957 95 67* | *www.idleawhile.com* | €€

KUYABA 🔊

Schon nach der Einfahrt fühlt man sich wie im Dschungel auf dem schmalen Gelände, das sich bis zum Strand hinzieht. Die komfortabel mit Bambusmöbeln ausgestatteten Zimmer vermitteln karibisches Urlaubsfeeling, auch wenn den meisten der Meeresblick fehlt. *24 Zi.* | *Norman Manley Boulevard* | *Tel. 957 43 18* | *Fax 957 97 65* | *www.kuyaba.com* | €–€€

ROCKHOUSE 🔊

Urlaub „on the Rocks" und zum Abkühlen ein Sprung von den Klippen. Kleine Rundhäuser mit eigener Terrasse und individuellem Zugang zum Meer bietet das Boutiquehotel auf dem Fels. Beliebt bei jüngeren, kapitalkräftigeren Reisenden. *34 Zi.* | *West End Road* | *Tel. 957 43 73* | *Fax 957 05 57* | *www.rockhousehotel.com* | €€–€€€

SAMSARA 🔊

Die alteingesessene Hotelanlage mit den neu gestalteten Säulenhäusern auf den Klippen ist bei jungen Leuten beliebt. Auch Taucher kommen gern, denn auf dem Gelände besteht die deutsche Tauchschule von Franz und Armin. *West End Road* | *Tel. 957 43 95* | *Fax 957 40 73* | *www.ne grilhotels.com* | €–€€

TENSING PEN 🔊

Eine andere Welt empfängt Sie hier: Zwischen Fruchtbäumen und Palmen verstecken sich die komfortabel ausgestatteten 17 Hütten. Eleganz ist angesagt, und trotzdem wird die „Einfachheit des Lebens" vermittelt. Kleine Laufstege führen über die Klippen und verbinden die Unterkünfte. Dazu gehört ein exquisites Restaurant mit täglich wechselndem Drei-Gänge-Menü (€€€). *21 Zi. | West End Road | Tel. 957 03 87 | Fax 957 01 61 | www.tensingpen.com | €€–€€€*

XTABI 🔊

Das einzige Hotel auf den Klippen mit einem Strand. Ein paar Meter unter der Erde liegt die Höhle mit dem weißen Sand und dem hereinströmenden Meer. Die Zimmer sind schlicht, aber zweckmäßig ausgestattet. *24 Zi. | West End Road | Tel. 957 05 24 | Fax 957 08 27 | www.xtabi-negril.com | €–€€€*

■ FREIZEIT & SPORT

Die All-inclusive-Clubs bieten eine große Auswahl an Sportmöglichkeiten vom gestylten Kraftraum über Squash bis hin zu Yoga. Die Sportanlagen des Couple-Swept-Away-Hotels können auch von Gästen anderer Hotels gegen Gebühr genutzt werden *(Tel. 957 40 61)*. Im *Negril Yoga Center* finden laufend Yogakurse statt. Für Hausgäste sind sie kostenlos. *Tel. 957 43 97 | www.negrilyoga.com*

KOOL RUNNINGS WATER PARK

Der Wasserpark ist *die* Attraktion in Negril. Halb offene oder geschlossene Wasserrutschbahnen für Groß und Klein, die sich wie Schlangen durch das Gelände winden oder sich ganz einfach gemütlich auf einem Schwimmkissen durch eine Wasserlandschaft treiben lassen: Bei Kool Runnings geht es ziemlich feucht zu. *Norman Manley Boulevard | www.koolrunnings.com | Di–So 11–19 Uhr | Eintritt US$ 28*

■ STRÄNDE

⭐ *Long Bay* ist 11 km lang, mit puderweichem Sand; die Hotels direkt am Strand haben meistens Strandrecht, beschäftigen Wachpersonal und halten allzu aufdringliche Händler fern. Es gibt nur noch wenige Abschnitte mit ursprünglicher Vegetation, die frei zugänglich sind.

Bloody Bay schließt sich in Richtung Montego Bay an. Früher wurden in dieser Bucht Wale ausgeweidet – daher der Name –, heute drängen sich hier die Gäste der großen Hotels. Am felsigen Westende sonnt man sich auf den Plateaus und klettert zum Baden über Leitern ins Meer hinab. 19 km nördlich, hinter Rhodes Hall nach links ausgeschildert, befindet sich die kleine Bucht *Half Moon Bay,* die größtenteils privat, aber vor allem nicht überlaufen ist *(Eintritt US$ 2)*. Bevor Sie nach rechts zum Gelände der Halbmondbucht gelangen, befindet sich nach links abzweigend ein kleiner Weg, der zu einer winzigen, nicht kostenpflichtigen Bucht führt.

■ TOUREN

MARGOT'S TOUREN

Ein Schnupperrundgang durch das West End mit den Hotspots der Saison, kleine, verschwiegene Buchten oder zu den wichtigsten Sehenswürdigkeiten Negrils: Eine Tour mit

Margot ist die Investition wert, um das Urlaubszentrum wirklich kennenzulernen. Margot bietet auch Ausflüge in die Umgebung an *(Y. S. Falls, Lethe Rafting, Black River und Mayfield Falls),* wobei sie abseits der ausgetrampelten Wege den Besuchern Land und Leute näher bringt. Das Büro von *Touren Ltd.* befindet sich direkt am Strand, im hinteren Bereich von *Alfred's Ocean Palace* (oder einfach an der Bar nach Margot fragen). *Tel. 472 67 77 | www.margot jamaicatouren.com*

◾ AM ABEND ◾

Im Winter treten regelmäßig, im Sommer sporadisch lokale, auch internationale Reggae-Stars wie der Bob-Marley-Sohn Ziggy auf. Die Konzerte finden meist im Entertainmentzentrum *MX III* statt, das nur für Veranstaltungen geöffnet ist. Außer in Kingston gibt es in keinem anderen Ort der Insel ein so großes Angebot an Livekonzerten. Die Termine werden auf Plakaten bekannt gegeben, die an den Laternenpfählen angeschlagen werden, oder sind im Hotel zu erfragen. Die Konzerte beginnen nicht vor 22 Uhr und dauern bis in die frühen Morgenstunden.

Wenn die Sonne untergegangen ist und die üppigen Abendmahlzeiten fast schon verdaut sind, rüstet sich die längste Diskomeile der Insel rechts und links am Norman Manley Boulevard: Ab 22 Uhr füllen sich *Jimmy Buffett's Margaritaville (Sa Livemusik), Alfred's (Di/Fr/So Livemusik), Roots Bamboo Mi Reggae live)* und *The Jungle (Do–Sa Livemusik),* die alle dicht beieinanderliegen.

Am Strand von Long Bay ist Platz genug für Spiel und Sport

■ ZIELE IN DER UMGEBUNG ■

LUCEA [110 C2]

Insider Tipp

45 km nordöstlich von Negril liegt Lucea (6300 Ew.), „Luzi" ausgesprochen. Das Zentrum mit großem Markt erstreckt sich entlang einer Bucht. Das Gerichtsgebäude aus dem 19. Jh. kam per Zufall zu seiner großen Turmuhr. Eigentlich sollte sie als Geschenk des deutschen Kaisers oder eines deutschen Großgrundbesitzers die Karibikinsel St. Lucia erreichen. Durch ein Versehen wurde sie nach Lucea geliefert. Den Stadtvätern gefiel sie so gut, dass sie sie behielten. Ein einfaches Hotel bietet Quartier: *West Palm Hotel | 18 Zi. | Fort Charlotte | Tel. 956 23 21 | €*

MAYFIELD FALLS ★ [111 D3]

Nicht der größte, dafür der schönste Wasserfall Jamaikas, knapp eine Autostunde von Negril entfernt. In Little London müssen Sie an der Tankstelle rechts nach Grange Hill abbiegen. Über Truro Gate und Mount Grace, Locust Tree und Pennycooke gelangen sie nach Mayfield, wo es rechts abgeht. Dort bieten *Mayfield River Walk (Tel. 957 55 55)* und *The Original Mayfield Falls (Tel. 782 96 30)* Touren an *(US$ 15)*. Der Marsch dauert etwa eineinhalb Stunden. Hier geht es vergleichsweise ruhig zu; es drängeln sich nicht, wie bei den Dunns River Falls, Tausende an einem Morgen, um über bemooste Steine hinaufzubalancieren.

Insider Tipp

ROYAL PALM RESERVE [110 B4]

Mitten in Negrils Großmoor liegt das Palmenreservat, 15 Autominuten vom Zentrum entfernt Richtung Sheffield, dann den Hinweisschil-

➤ BÜCHER & FILME
Jamaika in Wort und Bild

➤ **Kein Telefon im Himmel** – Michelle Cliff erzählt in den als Collage montierten Rückblenden von der Rebellion einer jungen Jamaikanerin, die im Ausland aufgewachsen ist und mit einer bewaffneten Gruppierung in die Berge zieht, um das Land zu verändern.

➤ **Der schöne Mann, Im Todestrakt, Kampfhähne u. a.** – Der auf der Insel lebende Schriftsteller Peter-Paul Zahl hat eine Reihe von Jamaikakrimis publiziert, die ein sozialkritisches Schlaglicht auf Politik und Gesellschaft werfen.

➤ **Herr der Fliegen** – Die Gemeinschaft der nach einem Flugzeugabsturz auf einer kleinen Insel gestrandeten Kindergruppe verwandelt sich bald in ein Terrorregime. Die Außeneinstellungen für die Verfilmung (Regie: Harry Hook) des gleichnamigen Buchs von William Golding wurden rund um Port Antonio und an der Frenchman's Cove gedreht.

➤ **Almost Heaven** – Das Roadmovie aus dem Jahr 2005 (Regie: Ed Herzog) mit Heike Makatsch in der Hauptrolle erzählt die Geschichte einer krebskranken jungen Frau, die sich ihren Lebenstraum als Sängerin erfüllen will, nach Jamaika kommt und mit einer einheimischen Sängerin das Land erkundet.

dern folgen. Im Royal Palm Reserve finden sich u.a. die einzigartigen Moorkönigspalmen *(Roystonea princeps),* die nur in dieser Gegend und im Moorgebiet des Südens vorkommen. Hölzerne Stege führen über die Sumpflandschaft. In einem Besu-

heute rund 16 000 Einwohner zählenden Kleinstadt einst schützen sollte, wurde nie fertig. Angler haben es sich auf den Ruinen bequem gemacht und versuchen, einen Fisch an die Angel zu bekommen, Jugendliche lassen gelangweilt die Beine bau-

Im Royal Palm Reserve gelangen Sie trockenen Fußes durch den Sumpf

cherzentrum, das gleichzeitig als Museum dient, erfahren Sie Details über die Pflanzen- und Tierwelt des Morastgebiets. *www.royalpalmre serve.com | Eintritt US$ 10*

SAVANNA-LA-MAR   [110 C4]

Ein Stadtzentrum sucht man in Savanna-La-Mar vergeblich. 1,5 km lang zieht sich die Great George Street durch den Ort, bis sie vor einem Wall abrupt am Meer endet. Das britische Fort, dass den Hafen der

meln. Viel los ist hier nicht. Nur an Wochenenden brodelt das Leben – Markttag. Hurrikans und Sturmfluten haben die „Ebene am Meer" mehrmals fast vollständig zerstört: 1748, 1780, 1912. Sehenswert ist ein kleiner Brunnen neben dem Gerichtsgebäude aus dem Jahr 1925. Die silberfarben gestrichene Kuppel ist orientalisch fein ziseliert, das schmiedeeiserne Schutzgitter wirkt dagegen schwerfällig und abweisend. *30 km östlich von Negril*

> ## ABENTEUER DES ALLTAGS

Hoch hinauf in die Blauen Berge zu den Kaffeeplantagen und dann mitten durchs Land mit kleinen Dörfern und Städten

Die Touren sind auf dem hinteren Umschlag und im Reiseatlas grün markiert

1 RUNDFAHRT DURCH DIE BLUE MOUNTAINS

Über 2000 m hoch erheben sich die Blue Mountains im Norden von Kingston. Ihre kühlen, meist nebelverhangenen Gipfel wecken die Neugier der Wanderer. Wenn Sie die Mühen einer Erkundung zu Fuß scheuen, sollten Sie sich zumindest per Auto einen Eindruck von dieser einzigartigen tropischen Bergregion verschaffen. Für die gut 80 km lange Rundtour

sollten Sie einen ganzen Tag einplanen. Die Straßenverhältnisse sind zum Teil sehr schlecht, und es ist mit einer reinen Fahrzeit, ohne Stopps, von rund dreieinhalb Stunden zu rechnen.

Ihr Mietwagen sollte nicht der kleinsten Kategorie angehören und über ausreichend Bodenfreiheit und PS verfügen. Wer die herrlichen Ausblicke ganz entspannt genießen will, kann beim Autoverleiher einen Fahrer mieten, der zugleich auch noch

Bild: Kingston, Devon House

AUSFLÜGE & TOUREN

als Reiseführer interessante Informationen gibt. Ausgangspunkt ist das Devon House an der Hope Road in **Kingston** *(S. 46)*. Sie folgen dieser Hauptverkehrsader Richtung Berge, passieren linker Hand das Bob Marley-Museum und erreichen nach knapp 5 km den Vorort Papine, einen lebendigen Marktflecken. Sie halten sich links. Die Häuser werden spärlicher, und die Straße beginnt, sich bergauf zu schlängeln. Sie passieren

rechter Hand eine monumentale, stark überwucherte Steinbrücke. Knapp 200 m danach zweigen zwei Straßen nach links ab. Sie aber folgen der Gordon Town Road geradeaus. Die Steigung nimmt zu, und Sie erreichen **Gordon Town**. Achtung: An der Polizeistation führt die Straße rechts über eine schmale Brücke. Jetzt gehts in Serpentinen steil bergan, vorbei an Kokospalmen, Bananen, Mango- und Ackeebäumen.

Der Blick klettert die Hänge hinauf. Ihr Grün stößt unmittelbar an das Blau des Himmels, wenn nicht gerade Wolkenfetzen vorübertreiben. Pinien mischen sich unter die Palmen. Die Straße ist schmal und zwingt bei Gegenverkehr zum Anhalten, vor jeder Kurve zum Gebrauch der Hupe, und die Schlaglöcher verlangen die ungeteilte Aufmerksamkeit des Fahrers.

Nach rund 18 km zweigt in **Guava Ridge** links die Straße nach **Pine Grove** ab, der Sie später folgen. Zunächst geht es weiter geradeaus nach **Mavis Bank**. Vor dem Ort führt eine kleine Straße geradeaus zur ältesten Kaffeefabrik Jamaikas, der **Mavis Bank Central Factory** *(nach Anmeldung Mo–Fr 8–14 Uhr | Tel. 977 80 15 | www.jamblumonline.com | US$ 8)*. Von der Hauptstraße aus können Sie einen Blick auf die unterhalb liegende Fabrik und die zum Trocknen ausgebreiteten Bohnen werfen (Erntezeit März/April und Sept./Okt.).

Mavis Bank ist nach einer guten Stunde Fahrzeit erreicht. Von hier aus lassen sich Wanderungen zum **Blue Mountain Peak** organisieren, und es gibt verschiedene Übernachtungsmöglichkeiten *(S. 53)*.

Zurück zur ✲ Abzweigung nach Pine Grove. Bei trockenem Wetter lohnt es sich, nach Kolibris Ausschau zu halten. Auch die Ausblicke in die Täler sind schön: Weit ausladende Bambusstauden, Pinien und Berghänge, die mit dem langhaarigen Elefantengras bewachsen sind, bestimmen das Bild.

Kurz darauf gelangen Sie nach **Content Gap**; von jetzt an gehts bergab. Verblüffend viele Häuser schmiegen sich an die Hänge. Ihre Bewohner arbeiten meist in der Kaffeeindustrie. Am Wegrand geben rosa blühende Begonien der Straße den Anschein eines gepflegten Vorgartens.

In **St. Peters**, das Sie kurz darauf durchfahren, überraschen ein kleiner Wasserfall und ein Bach, zu dem man zum Baden hinuntersteigen kann. Dann gabelt sich die Straße. Sie folgen dem Weg nach links. Der Straßenzustand verschlechtert sich. Ein Vorwärtskommen ist nur noch im Schneckentempo möglich. Die dichte und ursprüngliche Vegetation entschädigt jedoch für die Mühen. Allmählich wird die Landschaft freier, Kaffeeplantagen breiten sich aus. Ab Silver Hill – Sie fahren nach links, nicht geradeaus zur Silver Hill Coffee Factory – wird der Wald mehr und mehr zum Regenwald. Kurz vor dem Silver Hill Gap liegt rechts das **Starlight Chalet Health Spa** *(17 Zi. | Tel. 969 30 70 | Fax 906 30 75 | www.starlightchalet.com | €€)*, gut geeignet als Ausgangspunkt für eine Wanderung rund um Silver Hill.

In **Section** stoßen Sie auf die B 1, die von Kingston nach Buff Bay führt. Von hier sind es rund 28 km bis zur Nordküste. Die Straße ist landschaftlich reizvoll, aber auch in einem katastrophalen Zustand. Sie halten sich links. Nach 2 km erreichen Sie die Farm *Old Tavern Coffee Estate* der Familie Twayman *(S. 55)*. Insider Tipp Danach passieren Sie auf der rechten Seite den **Holywell National Park** *(S. 53)* und kehren auf eine Tasse Blue Mountain Coffee im ✲ *Gap Café* in luftigen 1280 m Höhe ein. Insider Tipp Eine Etage tiefer liegt die Garnison **Newcastle**, die 1841 gegründet wurde.

AUSFLÜGE & TOUREN

Die Straße führt mitten über den Exerzierplatz. Heute wird der Ort als Trainingslager der *Jamaica Defence Force* genutzt.

Rechts halten, es geht weiter zügig bergab. Ab Irish Town verbessert

sichtbar den Bergen zu Füßen. Nach weiteren 10 km erreichen Sie bei The Coperage wiederum die Gabelung, bei der Sie auf der Hinfahrt rechts nach Gordon Town abgebogen sind.

Entspannen und Genießen bei einer Tasse Kaffee im Gap Café

sich die Straße erheblich. Im spitzen Winkel zweigt nach links eine steile Auffahrt zum Craigton Estate ab. Das rosa und weiß gestrichene Great House von 1805 wurde hübsch renoviert und ist Mittelpunkt einer Kaffeeplantage, die sich in japanischem Besitz befindet. Die Japaner sind die größten Liebhaber des exzellenten Kaffees. Sie importieren rund 80 Prozent der Produktion.

Kurz darauf zweigt nach rechts die Auffahrt zum Hotel Strawberry Hill ab. Die Hauptstadt liegt nun wieder gut

2 VILLAGE TOUR QUER DURCH JAMAIKA

Durch Jamaikas Mitte führt diese rund 140 km lange Tour. Sie ist eine interessante Alternative zu der viel befahrenen A 1 von Spanish Town nach St. Ann's Bay. Sie starten in Treasure Beach an der Südküste, passieren Mandeville, Christiana, Brown's Town, Stewart Town sowie Clarks Town und erreichen in Duncans die Nordküste. Am Wegrand ist das alltägliche Jamaika zu erkunden, was den Reiz dieser Tour ausmacht. Sie sehen die roten Gruben vom Bauxitabbau und ein Agrarland, in dem nahezu alles gedeiht. Wenn Markttag ist, erwachen die Ortschaften. Ohne nennenswerte Stopps dauert die Tour viereinhalb Stunden.

Von Treasure Beach (S. 68) aus geht es rechts an der Polizeistation vorbei an Weiden, eingezäunt mit Stacheldraht und runden Holzstecken, in Richtung Hügel. Solche Holzstecken verwendeten traditionell schon die Tainos zum Bau ihrer Hütten. An der Texaco-Tankstelle biegen Sie nach rechts ab. In Southfield, der ersten größeren Ortschaft, zweigt rechts bei der Bushaltestelle eine Straße nach Lovers Leap ab. Die Klippen fallen hier steil fast 500 m ins Meer ab. Nur von dem *Ausflugslokal* im Leuchtturm (tgl. 9–21 Uhr | Eintritt J$ 100) können Sie die grandiose Aussicht genießen. Auf der Strecke nach Mandeville bieten sich immer wieder schöne Ausblicke zurück auf die Küste. In der Ortsmitte von Junction zweigt eine Straße nach Milk River und Alligator Pond (S. 70) ab. Um die Fernstraße A 2, über Black River nach Mandeville führt, in Gutters zu treffen, halten Sie sich an allen Kreuzungen und Gabelungen links (Junction – Cheapside – Gazeland – Lititz – Downs – Gutters). In Gutters dann rechts bis Mandeville (S. 70). Dort kündigt ein großer Kreisverkehr den Ortseingang an, rechts geht es ins Zentrum; Sie folgen geradeaus der Umgehungsstraße. Auch am zweiten Kreisverkehr behalten Sie die Richtung bei und folgen der A 2 Richtung Kingston. Sie nehmen links die Abzweigung Richtung Kendal und Christiana. Am nächsten kleinen Kreisel folgen Sie der Ausschilderung nach rechts nach Ocho Rios. Wenige Meter weiter weisen Schilder den Weg nach Christiana, Spaldings und Ocho Rios.

Ein Abstecher nach rechts führt zur Pickapeppa Sauce Factory in Shooters Hill (Mo–Fr 8–16 Uhr nach Vereinbarung | Tel. 603 34 41 | www.pickapeppajamaica.com). Hier wird seit 1921 die bekannte scharfe Pfeffersauce hergestellt.

In Walderson gabelt sich die Straße: rechts geht es nach Spaldings und Ocho Rios, links nach Christiana. Dieser kleine Umweg zeigt einen recht großen Ort, der aber keine Besonderheiten zu bieten hat. In der Umgebung liegen viele kleine Ländereien, auf denen Ingwer, Bananen, Yams und Kartoffeln angebaut werden, die hier *Irish potatoes* im Unterschied zu den heimischen Süßkartoffeln heißen.

Zurück auf der Straße nach Ocho Rios liegt linker Hand die Villa Bella. In den folgenden kleinen Ortschaften (Moravia – Alston – Laughton – Town – Cave Valley – Aboukir) gibt es immer mal wieder Abzweigungen, die nicht ausgeschildert sind. Fragen Sie besser an allen unklaren Punkten nach dem Weg. In Cave Valley treffen Sie auf die B 3, die von May Pen nach Runaway Bay führt. Bis Alexandria reihen sich kleine Gemeinden von ähnlichem Aussehen aneinander. Am Straßenrand wird in kleinen Buden Obst und Gemüse zum Verkauf angeboten, Sand- und Steinhaufen warten darauf, in die Schlaglöcher gestopft zu werden, statt in einer Werkstatt werden Autoreparaturen unter einer Plane vorgenommen, und zahlreiche Kirchen zeugen von der Religiosität der Menschen. Die Bandbreite der Häuser reicht von halb verfallenen Hütten über schön verzierte Holzhäuser bis zu passablen Steinbauten. Dabei fallen überall Eimer und Schüsseln ins Auge, die das Regenwasser auffangen sollen, denn obwohl Jamaika eine tropische Insel ist, gibt es vor allem auf dem Land Schwierigkeiten mit der Wasserversorgung.

Sobald die Grenze nach St. Anne überschritten ist, wird die Landschaft ebener und offener, und die Provinz, die sich selbst als Garden Parish bezeichnet, macht ihrem Namen alle Ehre. In **Alexandria** bietet sich ein Abstecher nach rechts zum **Bob Marley Centre** *(S. 44)* in Nine Mile an. Zwischen Alexandria und **Brown's Town** *(S. 45)* ist die Landschaft von ausgebeuteten Bauxitgruben geradezu durchlöchert. Inzwischen grasen Kühe in den wieder begrünten Mulden. Die Bauxitgesellschaften sind gleichzeitig die größten Viehzüchter auf Jamaika. Sie haben zur Auflage, die Landschaft wieder herzustellen, doch die Wunden sind nur vernarbt. *Der Markt von Brown's Town (Mo, Fr und Sa)* ist der bedeutendste der Region.

Sie halten sich auf der B 11 Richtung Stewart Town und kommen nun flott voran. Auf dem Weg von Stewart Town nach Jackson Town wechselt das Landschaftsbild erneut. Zuckerrohrfelder breiten sich aus. In Clarks Town biegen Sie an der Kirche rechts ab, passieren die Zuckerfabrik Long Pong und erreichen wenig später **Duncans.** Noch ein Stück weiter, und Sie können in **Silver Sands** wieder im Meer baden.

Reges Markttreiben herrscht dreimal die Woche in Brown's Town

EIN TAG AUF JAMAIKA

Action pur und einmalige Erlebnisse.
Gehen Sie auf Tour mit unserem Szene-Scout

KARIBISCHER START

7:00

Noch müde? Da hilft ein typisch jamaikanisches Frühstück – Ackee und Salt Fish. Die jamaikanische Baumfrucht mit Kabeljau schmeckt besonders lecker im *Plantation Inn*. Wer es weniger exotisch mag, wählt Pancakes. **WO?** *Plantation Inn, Main Street, Ochos Rios | Tel. 974 56 01*

8:30 ### PFERDETOUR

Aufsatteln, mit seinem Leihpferd Freundschaft schließen und los gehts. Die Guides von *Shore Trips* führen einen in die Berge, durch unberührte Natur und vorbei an seltenen Pflanzen und Kräutern. Dabei wird erklärt, welche Pflanzen genutzt werden können, um Krankheiten zu heilen. **WO?** *Ocho Rios | Kosten: US$ 66 | Mo bis Fr | Reservierung mind. 48 Std. vorher unter Tel. 964 21 00 oder im Internet | www.shoretrips.com*

FAST FOOD À LA JAMAIKA

12:30

Schneller Snack für Zwischendurch: Bei *Juici Patties* schmeckt das jamaikanische Fast Food hervorragend. *Juici Patties* – mit Fleisch, Gemüse oder Fisch gefüllte Teigtaschen – bestellen. Dazu Kokosnusswasser, das eisgekühlt mit einem Strohhalm direkt aus der Frucht getrunken wird, genießen. **WO?** *61 Main Street, Ocho Rios | Tel. 974 34 25 | www.juicipatties.com*

13:00 ### AUSPOWERN BEIM KAJAKFAHREN

Der kleine Mahogany Beach ist ein Geheimtipp fernab der Massen am Turtle Beach. Kayak leihen und lospaddeln. **WO?** *Im Osten von Ocho Rios, Auf der Main Street Richtung Osten fahren, hinter der Hibiscus Lodge (83 Main Street) abbiegen | www.mahogany beach.2get2u.com*

24 h

GENUSSABENTEUER

15:30

Auf der *Walkerswood Jerk Country Tour* lösen Guides das Geheimnis um die traditionelle Grillmethode Jerk. Dabei wird Schweinefleisch mit jamaikanischen Gewürzen und Chilis mariniert und anschließend langsam gegart und geräuchert. Dadurch erhält es seinen unverwechselbaren Geschmack. Natürlich wird auch probiert! **WO?** *Walkers Wood | Tel. 917 23 18 | www.walkerswood.com*

17:30

KRAFT TANKEN

Entspannung gefällig? Dann ab in die Blauen Berge! Im schicken Spa des *Strawberry Hill Resorts* steht ein Zitronengras-Wrap auf dem Programm. Auf das herrlich duftende Peeling folgt eine pflegende Körpermaske. Dann noch die Kopfmassage und man fühlt sich wie neu geboren! **WO?** *Strawberry Hill, New Castle Road, Irish Town, St. Andrew | Tel. 944 84 00 | Kosten: ca. US$ 100 | www.strawberryhillresort.com*

STERNERESTAURANT

21:00

Beim Open Air Dinner in *Alexander's Restaurant* steht neben dem Essen die Romantik im Vordergrund. Im exotischen Garten läutet man die Nacht am besten mit einem Cocktail ein. Dann frisches Seafood ordern, genießen und die Sternschnuppen zählen. **WO?** *The Courtleigh Hotel & Suites, 85 Knutsford Boulevard, Kingston 5 | Tel. 929 90 00 | www.courtleigh.com*

23:30

OPEN AIR CLUBBING

Genug geschlemmt – it's Partytime! In *Carlos' Café* wird die Nacht zum Tag: Hier feiert Kingston Szene mit leckeren Martini-Kreationen und zu coolen Sounds. Themenabende wie Karaoke und Latin Music versüßen zusätzlich die jamaikanischen Nächte. **WO?** *22 Belmont Road, Kingston 5 | Tel. 920 41 84*

> PFERDE, GREENS UND UNTERWASSERTUNNEL

Im Galopp dem Sonnenuntergang entgegen. Auch Golfer, Biker und Taucher kommen auf ihre Kosten

> Urlaubsreife Sportfreunde und Aktivurlauber finden ideale Bedingungen vor, um sich auch unter der Tropensonne zu betätigen. Und wer sich in einer der All-inclusive-Anlagen eingebucht hat, erlebt eine aktive Rundumversorgung – es ist wirklich fast alles im Preis inbegriffen.

Die steilen Hänge der Blue Mountains laden Trekkingfreunde ein; die unbefestigten, holprigen Wege locken Biker. Das Hochgebirge im Osten ist zudem ein wahres Paradies für Vogelliebhaber. Der lange Strand von Negril animiert zu einem Galopp über Sand und durch die sanft heranrollende See. Und wer nicht genug von türkisblauen Tiefen bekommen kann, den zieht es mit Sauerstoffflaschen oder einem Schnorchel bewaffnet zu den Riffs und Steilwänden an der West- und Nordküste der Insel, die manchmal mit nur wenigen Schwimmstößen zu erreichen sind.

> *www.marcopolo.de/jamaika*

SPORT & AKTIVITÄTEN

GOLF

Geringe Höhenunterschiede und leidliche Wasserhindernisse machen den Anfang leicht. Wer sich nicht zu den Topgolfern zählt, der sollte sein Glück zuerst einmal auf dem Green des *Half Moon Golf and Beach Resorts* in Montego Bay – Par 72-Platz – versuchen. Für erfahrene Golfer dagegen hat der Stardesigner Robert van Hagge auf dem Gelände des Ritz-Carlton in Montego Bay ▶▶ *The White Witch* konzipiert. 300 m Geländeunterschied und ein oft kräftig blasender Karibikwind sind auch für Cracks eine Herausforderung – Rating 73. Überhaupt ist die zweitgrößte Stadt des Landes ein Zentrum und Paradies für Golfer. Auf dem Gelände des Golfclubs in Runaway Bay gibt es sogar die einzige Golfakademie der Insel. Ansonsten gibt es eine Reihe von weiteren exzellenten 9- bzw. 18-Loch-Plätzen. Das *Jamaica*

Tourist Board in Mettmann verschickt auf Anfrage eine Liste der zwölf Golfplätze in Jamaika. Online-Informationen finden Sie unter *www. visitjamaica.com/vacation_themes/ golf/golf_properties.aspx*.

■ HOCHSEEANGELN

In den Häfen und Touristenzentren gibt es eine große Zahl von Möglichkeiten, zum Fischen aufs Meer hinauszufahren, zum Beispiel *Stanley's Deep Sea Fishing | Tel. 957 06 67 | US$ 400 für eine Gruppe bis zu vier Personen.*

■ MOUNTAINBIKING

Insider Tipp

Rund 34 km lang ist die organisierte ganztägige Fahrradtour für 93 US$, die in den Bergen im Norden beginnt – nicht sehr anspruchsvoll und stets gemütlich bergab führend. Veranstalter: *Blue Mountain Bike Tours, Ocho Rios | Di–Sa | Tel. 974 70 75.* Wer lieber allein auf dem Fahrradsattel die oft in Dunst gehüllten Höhen entdecken will, muss schon einige Intuition besitzen, um die wirklich schönen Wege zu finden, denn detailliertes, für Biker geeignetes Kartenmaterial gibt es nicht.

■ POLO

Für Anfänger bietet der *Chukka Cove Polo Club* ein spezielles Trainingsprogramm. Jeden Samstag finden auf dem Clubgelände westlich von St. Ann's Bay Turniere statt. *Laughlands | Tel. 972 25 06 | Fax 972 08 14 | www.chukkacaribbean.com*

■ RAFTING

Wer in Jamaika auf wild schäumende Bäche hofft, in denen man sich mit dem Paddel gegen Strudel und Steinbrocken behaupten muss, wird enttäuscht sein. Die gestakten Bambusfloßtouren bieten vielmehr Ruhe und Erholung auf einem manchmal aufwirbelnden, aber nie wirklich wilden Fluss. Floßtouren werden unter anderem angeboten von:

White River Rafting (Ocho Rios, kurz hinter dem östlichen Ortsausgang rechts | tgl. 8–17 Uhr | US$ 50 pro Floß); Rafting on the Martha Brae (Falmouth | tgl. 8.30–16.30 | US$ 60 pro Floß, Rücktransport zum Fahrzeug inbegriffen | Tel. 952 08 89 | www.jamaica.rafting.com).

■ REITEN

Nicht einfach nur gemütlich auf einem Pferd am Strand entlang reiten, sondern sich gemeinsam mit seinem Reittier im Galopp ins Meer stürzen und an seiner Seite schwimmen: „Horseback Ride 'n' Swim" nennt sich das, und es wird von fast allen Reitställen in den Küstenregionen der Insel angeboten. Das ist ein Erlebnis ganz eigener Art, von der Reitfreunde immer wieder schwärmen. Daneben werden geruhsame Ausritte in die umliegenden Hügel unternommen. Vor allem einige *Great Houses* sind beliebte Ziele von Reitausflügen. Die Preise liegen zwischen 55 und 76 US$ für eineinhalb Stunden.

Chukka Caribbean Adventure Tours (Tel. 972 25 06); Hooves (St. Ann's | Tel. 972 09 05); Outpost Adventures (Ocho Rios | Tel. 974 23 23); Half Moon Equestrian Centre (Falmouth | Tel. 953 22 86); Country Western Horseback Riding (Savanna-la-Mar | Tel. 957 32 50)

SPORT & AKTIVITÄTEN

SEGELN

In allen Häfen der Nordküste und in Negril liegen Segelboote, die Ausflüge unternehmen. Einmalig ist es, den Sonnenuntergang in Negril von einem Boot aus zu erleben. Katamaransegeln: *Wild Thing | Tel. 957 99 30 | US$ 50*

TAUCHEN

In Küstennähe gelegene Riffs und der bis zu 7680 m tiefe Cayman-Graben, der die Insel von Kuba trennt, sind ideale Tauchgebiete. Der *Montego Bay Marine Park* ist ein beliebtes Tauchgebiet mit seinen Schlünden, Kanälen und Unterwassertunneln (die 12 m lange Widowmaker Cove) zwischen den Riffs und Steilwänden.

In der Umgebung von Runaway Bay und Ocho Rios bilden Wracks die Attraktion. Und in Negril brauchen Tauchfreunde nur knapp zehn Minuten Anfahrt, um zu den unter Wasser gelegenen *hotspots* zu gelangen: *Throne Room, Sands Club, Gallery.*

In Negril gibt es eine von Deutschen geführte PADI-Tauchschule: ▶▶ *Marine Life Divers* im *Samsara Hotel (West End Road | Tel. 957 32 45 | Fax 957 97 83 | www. mldiversnegril.com);* Die Preise liegen zwischen 40 und 55 US$ für einen, um 70 US$ für zwei Tauchgänge.

Die Küste vor Port Royal ist wegen der archäologischen Unterwasserschutzzone absolutes Sperrgebiet für Taucher. Halten Sie sich besser daran. Es wird empfohlen, ein tauchsportärztliches Attest in englischer Übersetzung mitzuführen.

Ride 'n' Swim: nur gut, dass Pferde nicht wasserscheu sind

> VIEL SPASS UND ABENTEUER

Ob Floßfahrt oder Streichelzoo, Wasserfallklettern oder Krokodil-safari – Familien brauchen sich um Kurzweil nicht zu sorgen

> In den Straßen greifen plötzlich helfend Hände nach dem kleinen Mädchen, das sich vermeintlich zu nah an den Bürgersteigrand gewagt hat. „Take care – Passen Sie auf Ihr Kind auf!". Fürsorglich, aber auch leicht tadelnd klingt der Ton der älteren Dame.

Der Bartender lässt Mixer und Eiszange stehen und liegen: Vor dem Tresen ist ein kleiner Junge hingefallen und weint bitterlich. Eine tröstende Umarmung ist angesagt, und da wird ein Hummingbird Cocktail schon mal zur Nebensache. Der Gast muss warten. Die drittgrößte Insel der Karibik ist ein wahres Kinderparadies – im Alltag wie im Urlaub. Die lieben Kleinen dürfen einfach – fast – alles.

FAMILIENRESORTS

Hier dreht sich alles um die jüngsten Gäste bis ins Jugendalter: Mit Fingerfarben rummantschen, bis die

> *www.marcopolo.de/jamaika*

MIT KINDERN REISEN

Sonne untergeht, sein eigenes T-Shirt bemalen, Lederamulette ausschneiden und seinen Namen einstanzen oder mit dem Dreirad die Wege zwischen den Hotelbauten unsicher machen. Nintendospielsäle, Internetzugänge und Karaokewettbewerbe natürlich nicht zu vergessen. In manchen Hotelanlagen hat jede Familie sogar ihre eigene Nanny, die sich nach Wunsch auch abends, wenn die Eltern etwas allein unternehmen wollen, um die Kinder kümmert. Einen 14-tägigen Familienaufenthalt gibt es schon ab 4500 Euro für zwei Erwachsene und ein Kind im Doppelzimmer. In einigen Resorts muss für Kinder unter 15 Jahren noch nicht einmal bezahlt werden.

Ausgewiesene Familienresorts sind *Beaches Boscobel Resort (Oracabeza | Tel. 975 77 77 | Fax 975 76 22 | www.beaches.com/general/kids-camp.cfm); FDR Runaway*

Bay (Tel. 973 45 91 | Fax 973 46 00); FDR Pebbles (Falmouth | Tel. 937 45 91 | Fax 973 46 00 | beide www.fdrholidays.com); Starfish (Tel. 954 24 50 | Fax 954 99 23 | www. starfishresorts.com); Beaches Negril (Tel. 957 92 70) und Beaches Sandy Bay (Tel. 957 51 00 | www.beaches. com).

chend Kontakt im gleichen Alter. *Jamaica Tourist Board | http://meet thepeople.visitjamaica.com*

■ DER NORDEN ■

AQUASOL [111 F1]

Die freundlichen Helfer auf dem *Children's Playground* beaufsichtigen die Kleinen beim Klettern,

Spaß am Strand von Montego Bay

MEET THE CHILD

Das Jamaica Tourist Board hilft im Rahmen des „Meet the People" mit speziell auf Kinder und Jugendliche zugeschnittenen Familienprogrammen. Im Vorfeld der Urlaubsplanung schickt man eine E-Mail an die Zentrale in Kingston mit den Angaben über den Ferienzeitraum, das Alter, Hobbys, Sprachkenntnisse und Interesse. Dort sucht man dann entspre-

Schaukeln, Balancieren. *Montego Bay, Agua Sol (ehemals Walter-Fletcher Beach) | Erwachsene US$ 5, Kinder US$ 3 | Aktivitäten nicht im Preis inbegriffen | www.aquasoljamaica.com*

DOLPHIN COVE [114 C2]

Schwimmen mit den Delphinen, die sich in der durch Steinbarrieren abgeschirmten Naturbucht tummeln:

MIT KINDERN REISEN

Kinder sind begeistert. Man kann sich von ihnen ein paar Runden durchs Becken ziehen lassen *(US$ 195)*, mit ihnen im Wasser spielen *(US$ 129)* oder auf Tuchfühlung gehen *(US$ 67 | Preise inklusive Eintritt | Reservierung notwendig | Tel. 974 53 35)*. Zwischen drei und sieben Jahren darf man Delphine streicheln, ab acht Jahren mit ihnen schwimmen. Auf dem Gelände befindet sich auch ein Dschungellehrpfad mit Streichelzoo. *3 km hinter der Ortsausfahrt von Ocho Rios | tgl. 9.30–15.30 Uhr | US$ 45, Kinder unter 6 Jahre frei | www.dolphincove jamaica.com*

MO-BAY UNDERSEA TOURS [111 E1]

Insider Tipp

Wie Kapitän Nemo den Meeresboden des Montego Bay Marine Park in einem Beinahe-U-Boot erforschen. Und durch die dicken Panoramapanzerscheiben die bunte Unterwasserwelt bestaunen. Fische in allen Farben ziehen vorbei, und auf den bizarren Riffs wiegen sich Korallen im Takt der Wellen. *Montego Bay, Pier 1, Howard Cooke Boulevard | Do–Di 11–13.30 Uhr | Tel. 940 49 65 | Erwachsene US$ 40, Kinder US$ 20*

ROCKLANDS BIRD SANCTUARY [111 E2]

Insider Tipp

Die abseits gelegene Futterstelle für Vögel, knapp 8 km westlich von Montego Bay in den Bergen, ist einen Besuch wert. Kolibris umschwirren die Nektarspender, Mockingbirds, jamaikanische Nachtigallen und Waldspechte warten darauf, sich die Körner aus der ausgestreckten Hand zu picken. *Wiltshire | tgl. 8.30 bis 17.30 Uhr | Erwachsene US$ 12, Kinder US$ 5*. Von Montego Bay

kommend, biegen Sie in Reading von der A 1 Richtung Anchovy ab. In Wiltshire links abbiegen und der Ausschilderung folgen.

DER OSTEN

ROYAL BOTANICAL (HOPE) GARDEN UND HOPE ZOO [119 F3]

Wie wärs mit einem Picknick unter einem Schatten spendenden Baum? Ungezwungen lässt sich Kontakt mit den Nachbarskindern aufnehmen, auf den einladenden Rasenflächen und zwischen den Palmen herumtoben. Danach kann man noch einen Abstecher zum dahinter liegenden Hope Zoo unternehmen. Hier tummelt sich die Kleintierwelt des Landes: Mungos, gefräßige Coney-Nager, Gelbschlangen, Flamingos und Pfaue. *Kingston, Hope Road, der botanische Garten hat von Sonnenaufgang bis Sonnenuntergang geöffnet | Eintritt frei | Zoo tgl. 10–16.30 Uhr | Erwachsene J$ 80, Kinder J$ 50*

DER SÜDEN

KROKODILSAFARI [116 A2]

Von starren Knopfaugen auf der Wasseroberfläche wird man beobachtet, während das Boot langsam auf dem Black River gleitet. *Swaby's Black River Safari | Tel. 965 25 13, St. Elisabeth Safari | Tel. 965 23 74 | Kinder US$ 12, Erwachsene US$ 15*

DER WESTEN

REITEN UND BADEN [110 C4]

Den Strand entlanggaloppieren und zum Schluss ein erfrischendes Bad im Meer – der Hit für Pferdefreunde. *Country Western Horseback Riding, Savanna-La-Mar | Tel. 957 32 50 | US$ 55*

> VON ANREISE BIS ZOLL

Urlaub von Anfang bis Ende: die wichtigsten Adressen und Informationen für Ihre Jamaikareise

◼ ANREISE

FLUGZEUG

Condor (*www.condor.de*) fliegt einmal wöchentlich von Frankfurt/M., *Air Berlin* (*www.airberlin.com*) von Düsseldorf nach Montego Bay. *British Airways* (*www.britishairways.com*) und *Air Jamaica* (*www.airjamaica.com*) fliegen über London nach Kingston. Ein Rückflug von Deutschland kostet ab 520 Euro, *One Way Specials* gibt es ab 199 Euro.

◼ AUSKUNFT

JAMAICA TOURIST BOARD (JTB)

Schwarzbachstraße 32 | 40822 Mettmann | Tel. 02104/83 29 74 | Fax 91 26 73 | www.visitjamaica.com

◼ AUTO

Es herrscht wie in England Linksverkehr. Gewöhnungsbedürftig sind die Verkehrskreisel in großen Städten. Vorsicht bei der Einfahrt, wer sich im Kreisverkehr befindet, hat Vorfahrt. Die Hauptstraße rund um die Insel ist überwiegend von sehr guter Qualität, ebenso die Straßen in den Städten. Im Landesinnern muss dagegen mit katastrophalen Verhältnissen gerechnet werden. Nachtfahrten sollten Sie vermeiden, Straßenbeleuchtung oder Markierungen gibt es selten, viele Fahrzeuge fahren zudem ohne Licht, und es muss mit unvorhersehbaren Hindernissen gerechnet werden. Höchstgeschwindigkeit: in Ortschaf-

> WWW.MARCOPOLO.DE

Ihr Reise- und Freizeitportal im Internet!

> Aktuelle multimediale Informationen, Insider-Tipps und Angebote zu Zielen weltweit ... und für Ihre Stadt zu Hause!

> Interaktive Karten mit eingezeichneten Sehenswürdigkeiten, Hotels, Restaurants etc.

> Inspirierende Bilder, Videos, Reportagen

> Kostenloser 14-täglicher MARCO POLO Podcast: Hören Sie sich in ferne Länder und quirlige Metropolen!

> Gewinnspiele mit attraktiven Preisen

> Bewertungen, Tipps und Beiträge von Reisenden in der lebhaften MARCO POLO Community: *Jetzt mitmachen und kostenlos registrieren!*

> Praktische Services wie Routenplaner, Währungsrechner etc.

Abonnieren Sie den kostenlosen MARCO POLO Newsletter ... wir informieren Sie 14-täglich über Neuigkeiten auf marcopolo.de!

Reinklicken und wegträumen!
www.marcopolo.de

 > MARCO POLO speziell für Ihr Handy! Zahlreiche Informationen aus den Reiseführern, Stadtpläne mit 100 000 eingezeichneten Zielen, Routenplaner und vieles mehr.
mobile.marcopolo.de (auf dem Handy)
www.marcopolo.de/mobile (Demo und weitere Infos auf der Website)

PRAKTISCHE HINWEISE

ten 50 km/h (30 mph), außerhalb 80 km/h (50 mph). Die recht gute Straßenkarte „Jamaica Road Map" verkauft das Tourist Board für 350 J$.

BANKEN & GELDWECHSEL

Zweigstellen von Banken gibt es auf der ganzen Insel. Geschäftszeiten: Mo–9–14, Fr 9–16 Uhr. In Ferienorten tauschen auch autorisierte Wechselstuben (Cambio) zu guten Kursen. Hotels wechseln ebenfalls. Schwarz tauschen ist verboten. Zum Rücktausch (z. B. am Flughafen in Montego Bay in der Abflughalle nach der Sicherheitskontrolle) muss eine Tauschquittung vorliegen. Am besten nehmen Sie Reiseschecks (nicht zu große Stückelung) in US-Dollar mit. In den größeren Orten sind die gängigen Kreditkarten in Hotels, Restaurants und größeren Geschäften gebräuchlich. Geldautomaten sind nicht sehr verbreitet.

BUSSE

Mehrmals täglich fahren zwischen Kingston und Ocho Rios sowie Montego Bay klimatisierte „Knutsford Express"-Reisebusse (www.knutsfordexpress.com). Ansonsten verkehren auf den Fernstraßen und in den größeren Städten private, meistens überfüllte Busse in unregelmäßigen Abständen. Über den Fahrpreis sollten Sie sich vor dem Einsteigen erkundigen.

DIPLOMATISCHE VERTRETUNGEN

DEUTSCHE BOTSCHAFT

10 Waterloo Road, Kingston 10 | Tel. 926 67 28 | Fax 929 82 82 | German Embassy.Kingston@gmail.com

ÖSTERREICHISCHES GENERALKONSULAT

Round Hill Hotel and Villas | John Pringle Drive, Montego Bay | Tel. 940 24 04 | Fax 956 75 05 | josef@ roundhilljamaica.com

KONSULAT DER SCHWEIZ

c/o Swiss Sores Ltd., 107, Habour Street, Kingston | Tel. 948 96 56 | Fax 922 84 03 | swissco@mail.info chan.com

EIN- & AUSREISE

Westeuropäer benötigen einen gültigen Reisepass und ein Flugticket für den Weiter- oder Rückflug. Bei der Ausreise per Flugzeug wird eine Flughafengebühr in Höhe von 1000 J$ erhoben. Meist ist der Betrag bei Charterlinien und Pauschalurlauben im Reisepreis inbegriffen.

FERNSEHEN & RADIO

Television Jamaika (TVJ) strahlt ein inselweites Fernseh- und Radioprogramm aus. Der zweite Privatsender ist CVM Television. Eine Reihe von US-Fernsehprogrammen und die Deutsche Welle sind über Satellit zu empfangen. Großer Beliebtheit erfreut sich der Radiosender IRIE FM

(107.9) aus Ocho Rios, der ausschließlich Reggae spielt.

FKK & OBEN OHNE

An Touristenstränden in den Ferienzentren wird topless toleriert. Einige Hotelanlagen *(Superclubs* und *Couples Resorts)* bieten separate Nacktbadebereiche an.

GESUNDHEIT

Spezielle Impfungen sind nicht nötig. Krankenhäuser finden Sie unter anderem in Kingston, Mandeville, Montego Bay, Ocho Rios und Port Antonio; in allen größeren Orten gibt es außerdem Niederlassungen privater Ärzte.

WAS KOSTET WIE VIEL?

KAFFEE	**AB 13,50 EURO** für ein 453-g-Paket Blue Mountain Coffee
JERK FOOD	**AB 2,10 EURO** für eine Portion
RUM	**8,25 EURO** für eine Flasche V/X
WASSER	**AB 0,50 EURO** für eine Flasche
BENZIN	**0,70 EURO** für 1 l Normalbenzin
BUSFAHRT	**0,75 EURO** in Kingston

HEIRATEN

Nach einem Mindestaufenthalt von 24 Stunden kann das Aufgebot bestellt werden *(Gebühr: J$ 45–50).* Mitzubringen sind: beglaubigte Kopien der Geburtsurkunde, gegebenenfalls der Scheidungsurkunde sowie die schriftliche Einwilligung der Eltern bei Heiratskandidaten unter 21 Jahren; Anträge an *The Permanent Secretary, Ministry of Justice (Mutual Life Towers, 2 Kensington Crescent, Kingston 5 | Tel. 906 49 08 | www.jamador.de).* Zahlreiche Hotels haben sich auf Hochzeiten spezialisiert und erledigen die Formalitäten. Die Ausstellung der Heiratsurkunde kann etwas länger dauern. Sie wird ggf. nachgeschickt.

INLANDFLÜGE

Air Jamaica (www.airjamaica.com) fliegt Montego Bay dreimal täglich an, Preis pro Strecke US$ 75. Charterflüge führt *Timair* durch *(www.timair.com).*

INTERNET

Den Internetauftritt der Deutsch-Jamaikanischen Gesellschaft finden Sie unter *www.deutsch-jamaikanische-gesellschaft.de.* Hintergründig mit Leserforum informiert *www.jamaika-online.de.* Insidertipps für Individualreisende bietet *www.carilat.de/index2.htm.* Informative Städteseiten: *www.montego-bay-jamaica.com; www.portantoniojamaica.com; www.mobay.com/town3.htm; www.ochorios.com; www.negril.com; www.caribbeantravel.com/jamaica;* Ferienapartments und Villen bietet *www.villasinjamaica.com* an. Kleine Hotels und gutes Essen: *www.insidersjamaica.com.* Nachrichtenzusammenfassungen der großen Tageszeitungen liefert *www.jamaicanewsmedia.com;* Kommerzieller Guide: *www.jamaica-travel.com;* Telefon-

PRAKTISCHE HINWEISE

und Adressverzeichnis: *www.jamaica yp.com*

INTERNETCAFÉS & WLAN

Lediglich wer seinen Laptop mit in den Urlaub genommen hat kann in den Hotels preisgünstiger surfen – 24 Std. Zugang zwischen 10 und 20 Euro. Ansonsten kostet die Stunde in den hoteleigenen Internetcafés zwischen 12 und 24 Euro pro Stunde. Kleinere Boutiquehotels bieten meist ohne Zusatzgebühren WLAN sogar in den Zimmern an. In den meist kleinen und unscheinbaren Internetcafés, die auch die Jamaikaner nutzen, kostet eine Stunde zwischen 100 und 250 J$.

KLIMA & REISEZEIT

Das ganze Jahr über herrschen an der Küste Temperaturen von 29 bis 32 Grad. Passatwinde sorgen für eine angenehme Brise. Im Nordosten öffnet der Himmel seine Pforten nicht nur während der Regenzeit (August bis November) zu kräftigen Güssen von kurzer Dauer. Im Süden ist das Klima sehr viel trockener, die Vegetation ist entsprechend karger. In den Bergen können die Temperaturen bis auf 4 Grad sinken.

Als Hochsaison gilt die Zeit zwischen Weihnachten und Ostern. Dann sind die Preise für Unterkünfte erheblich höher als in der übrigen Zeit des Jahres. Im September und Oktober fällt am meisten Niederschlag, und die Gefahr von Hurrikans ist dann am größten.

MASSEINHEITEN

Nach wie vor sind englische Maßeinheiten auf Jamaika weit verbreitet.

Eine Meile entspricht 1,609 km, eine Gallone entspricht 3,79 l, ein Pound 453,59 g.

MIETWAGEN

Die meisten Vertretungen internationaler Verleihfirmen unterhalten Büros an den Flughäfen in Montego Bay und Kingston. Ohne Kreditkarte wird bei den großen Autovermietungen ein Bardepot verlangt. *Island Car Rentals (www.islandcarrentals. com* | Reservierungen in Deutschland

WÄHRUNGSRECHNER

€	J$	J$	€
1	100,39	100	1,00
2	200,77	200	1,99
3	301,16	250	2,49
4	401,55	300	2,99
5	501,94	400	3.98
7	702,71	500	4,98
8	803,10	700	6,97
9	903,48	800	7,97
10	1003,87	900	8,97

Tel. 0511/899 11 18) ist ebenfalls zu empfehlen. Ein Wagen der kleinsten Klasse kostet ab etwa 44 US$ pro Tag. Dazu kommt jedoch noch eine obligatorische Teil- (US$ 12 pro Tag) oder Vollkaskoversicherung (US$ 25). Deutsche, österreichische und Schweizer Führerscheine werden anerkannt, wenn sie mindestens ein Jahr alt sind, ebenso der internationale Führerschein. Das Mindestalter, um Fahrzeuge mieten zu können, beträgt 21 Jahre.

NOTRUF

Feuerwehr, Ambulanz *Tel. 110;* Polizei *Tel. 119*

Poststationen existieren fast in jedem Ort, geöffnet *Mo–Fr 9–17 Uhr,* Briefkästen dagegen sind selten. Die Hotels übernehmen die Besorgung der Post und organisieren meist auch Briefmarken *(Postkarte J$ 50, Brief J$ 70).* Die Zustellung nach Übersee kann mehrere Wochen dauern.

PREISE & WÄHRUNG

Die offizielle Landeswährung ist der Jamaika-Dollar (J$ oder JMD), der nicht unbeschränkt ein- und ausgeführt werden darf. 1 J$ hat 100 Cent. Es gibt 10- und 25-Cent- sowie 1-, 5-, 10- und 20-J$-Münzen und 50-, 100-, 500- und 1000-J$-Scheine. In stark touristischen Gegenden werden die Preise allerdings vorwiegend in US-Dollar angegeben. Einkäufe per Kreditkarte werden immer in US-Dollar umgerechnet. Für kleinere Ausgaben und Besuche in lokalen Restaurants empfiehlt es sich, Jamaikanische Dollar mitzunehmen.

STROM

Die Spannung beträgt 110 Volt/50 Hertz, in wenigen Hotels 220 Volt; Geräte zum Umschalten auf 110 Volt sind also zu empfehlen. Außerdem sollten Sie einen flachpoligen Adapterstecker für amerikanische Steckdosen mitnehmen.

TAXI

Die *Juta* ist ein konzessionierter Zusammenschluss von Transportunternehmen. Die Taxis dieser Organisation haben Fixpreise in US-Dollar und sind an Flughäfen und in großen Hotels präsent. Eine Fahrt vom Flughafen Montego Bay nach Negril kostet etwa 80 US$, nach Ocho Rios rund 100 US$. Darüber hinaus gibt es aber noch eine große Zahl an PKWs, die eine Lizenz zur Personen-

WETTER IN KINGSTON

	Jan.	Feb.	März	April	Mai	Juni	Juli	Aug.	Sept.	Okt.	Nov.	Dez.
Tagestemperaturen in °C	30	29	30	30	31	31	32	32	32	31	31	30
Nachttemperaturen in °C	22	22	23	24	25	25	26	26	25	25	24	23
Sonnenschein Std./Tag	8	9	9	9	8	8	8	8	8	7	8	8
Niederschlag Tage/Monat	3	2	3	3	5	6	3	6	6	12	5	3
Wassertemperaturen in °C	26	26	26	27	27	28	29	29	28	28	27	27

PRAKTISCHE HINWEISE

beförderung besitzen. Man erkennt sie am roten Nummernschild mit dem P-Schild. Bevor Sie die Fahrt antreten, sollten Sie unbedingt den Preis aushandeln.

TELEFON & HANDY

Die Vorwahlnummer von Jamaika ist 001876. Für Telefonate nach Deutschland lautet die Vorwahlnummer 01149, nach Österreich 01143, in die Schweiz 01141. Wer sich teure Hotelzuschläge ersparen will, kann bei den zahlreichen Cable & Wireless-Filialen eine sogenannte Worldtalk-Telefonkarte erwerben, Preis pro Minute rund 0.25 Euro

Alle europäischen Provider bieten Roaming an, der Preis pro Minute liegt um 1,80 Euro. Preiswerter für Vieltelefonierer ist es, sich zum Beispiel bei *Digicel* am Flughafen von Kingston oder Montego Bay eine neue SIM-Karte mit landeseigener Nummer zu kaufen (rund 16 Euro). Mit einer Flex-Karte (J$ 100, 200, 300 und 500) kann man dann für etwa 0,17 Euro/Min. mit Europa telefonieren.

TRINKGELD

Wenn der Service nicht extra ausgewiesen ist, sollten Sie ein Trinkgeld von 10 bis 15 Prozent geben.

TRINKWASSER

Die Jamaikaner sind auf die hervorragende Qualität ihres Trinkwassers stolz. In den meisten Orten können Sie das Leitungswasser daher ohne Bedenken trinken. Ausnahmen von dieser Regel sind durch Anschläge der nationalen Wasserkommission gekennzeichnet.

ZEIT

Der Unterschied gegenüber der Mitteleuropäischen Zeit beträgt im Sommer (während der Mitteleuropäischen Sommerzeit) minus sieben, im Winter (MEZ) minus sechs Stunden.

ZOLL

In die Europäische Union eingeführt werden dürfen pro Person Souvenirs

Froh zu sein bedarf es wenig

im Wert bis zu 430 Euro, 1 l Spirituosen, 4 l Wein, 16 l Bier, 200 Zigaretten oder 50 Zigarren oder 250 g Tabak sowie 500 g Röstkaffee. Die Einfuhr von allem, was dem Washingtoner Artenschutzabkommen unterliegt, ist verboten. Nach Jamaika für den persönlichen Gebrauch mitbringen dürfen Sie 200 Zigaretten oder 50 Zigarren, 170 ml Parfüm, 340 ml Eau de Toilette, 1 l Spirituosen.

> DO YOU SPEAK ENGLISH?

„Sprichst du Englisch?" Dieser Sprachführer hilft Ihnen,
die wichtigsten Wörter und Sätze auf Englisch zu sagen

Aussprache

Zur Erleichterung der Aussprache sind alle englischen Wörter mit einer einfachen
Aussprache (in eckigen Klammern) versehen. Folgende Zeichen sind Sonderzeichen:

ə   nur angedeutetes „e" wie in bitte
θ   [s] gesprochen mit der Zungenspitze zwischen den Zähnen
ˈ   die nachfolgende Silbe wird betont. Bei einer Hauptbetonung steht
     das Zeichen oben vor der Silbe, bei einer Nebenbetonung unten.

■ AUF EINEN BLICK

Ja./Nein.	Yes. [jäs]/No. [nəu]
Vielleicht.	Perhaps. [pəˈhäps]/Maybe. [ˈmäibih]
Bitte.	Please. [plihs]
Danke.	Thank you. [ˈθänkju]
Vielen Dank!	Thank you very much.
	[ˈθänkju ˈwäri ˈmatsch]
Gern geschehen.	You're welcome. [joh ˈwälkəm]
Entschuldigung!	I'm sorry! [aim ˈsori]
Wie bitte?	Pardon? [ˈpahdn]
Ich verstehe Sie/dich nicht.	I don't understand.
	[ai dəunt andəˈständ]
Ich spreche nur wenig …	I only speak a bit of …
	[ai ˈəunli spihk əˈbit əw …]
Können Sie mir bitte helfen?	Can you help me, please?
	[ˈkən ju ˈhälp mi plihs]
Ich möchte …	I'd like … [aidˈlaik]
Das gefällt mir (nicht).	I (don't) like it. [ai (dəunt) laik_it]
Haben Sie …?	Have you got …? [ˈhəw ju got]
Wie viel kostet es?	How much is it? [ˈhauˈmatsch is it]
Wie viel Uhr ist es?	What time is it? [wot ˈtaim is it]

■ KENNENLERNEN

Guten Morgen!	Good morning! [gud ˈmohning]
Guten Tag!	Good afternoon! [gud ahftəˈnuhn]
Guten Abend!	Good evening! [gud ˈihwning]
Hallo! Grüß dich!	Hello! [həˈləu]/Hi! [hai]
Mein Name ist …	My name is … [mai näims …]
Wie ist Ihr/dein Name?	What's your name? [wots joh ˈnäim]
Wie geht es Ihnen/dir?	How are you? [hau ˈah ju]

> *www.marcopolo.de/jamaika*

SPRACHFÜHRER ENGLISCH

Danke. Und Ihnen/dir?	Fine thanks. And you?
	['fain θänks, ənd 'ju]
Auf Wiedersehen!	Goodbye!/Bye-bye!
	[gud'bai/bai'bai]
Tschüss!	See you!/Bye! [ɛih jʊ/bai]
Bis morgen!	See you tomorrow! [sih ju tə'mərəu]

■ UNTERWEGS ■

links/rechts	left [läft]/right [rait]
geradeaus	straight on [strāit 'on]
nah/weit	near [niə]/far [fah]
Bitte, wo ist …?	Excuse me, where's …, please?
	[iks'kjuhs 'mih 'weəs … plihs]
Bahnhof	station ['stäischn]
Bushaltestelle	bus stop [bas stɔp]
Flughafen	airport ['eəpoht]
Wie weit ist das?	How far is it? ['hau 'fahr_is_it]
Ich möchte … mieten.	I'd like to hire … [aid'laik tə 'haiə]
… ein Auto …/… ein Fahrrad …	… a car. [ə 'kah]/…a bike. [ə 'baik]
Ich habe eine Panne.	My car's broken down.
	[mai 'kahs 'brəukn 'daun]
Würden Sie mir bitte einen Abschleppwagen schicken?	Would you send a breakdown truck, please?
	['wud ju sänd ə bräikdaun trak plihs]
Gibt es hier in der Nähe eine Werkstatt?	Is there a garage nearby?
	['is θeə_ə 'gärahdsch 'niərbai]
Wo ist die nächste Tankstelle?	Where's the nearest petrol station?
	['weəs θə 'niərist 'pätrəlstäischn]
Ich möchte … Liter …	… litres of … ['lihtəs əw]
… Normalbenzin.	… 87 unleaded, [äiti'säwn an'lädid]
… Super.	… 90 unleaded, ['nainti an'lädid]
… Diesel.	… diesel, ['dihsl]
Voll tanken, bitte.	Full, please. ['ful plihs]
Hilfe!	Help! [hälp]
Achtung!	Attention! [ə'tänschn]
Vorsicht!	Look out! ['luk 'aut]
Rufen Sie bitte …	Please call … ['plihs 'kohl]
… einen Krankenwagen.	… an ambulance. [ən 'ämbjuləns]
… die Polizei.	… the police. [θə pə'lihs]
Es war meine Schuld.	It was my fault. [it wəs 'mai 'fohlt]

Es war Ihre Schuld.
Geben Sie mir bitte Ihren
Namen und Ihre Anschrift.

It was your fault. [it wɔs 'joh 'fohlt]
Please give me your name and
address! [plihs giw mi joh 'näim ənd
ə'dräs]

▇ ESSEN/UNTERHALTUNG

Wo gibt es hier …
    … ein gutes Restaurant?

    … ein typisches Restaurant?

Is there … here? ['is θeər … 'hiə]
    … a good restaurant …
    [ə 'gud 'rästərohng]
    … a restaurant with local
    specialities …
    [ə 'rästərohng wiθ 'ləukl
    ‚späschi'älitis]

Gibt es hier eine
gemütliche Kneipe?
Reservieren Sie uns bitte
für heute Abend einen
Tisch für vier Personen.

Is there a nice pub here?
['is θeər ə nais 'pab hiə]
Would you reserve us a table for four
for this evening, please?
['wud ju ri'söhw əs ə 'täibl fə foh
fə θis 'ihwning plihs]

Die Speisekarte, bitte.

Could I have the menu, please.
['kud ai häw θə 'mänjuh plihs]

Ich nehme …
Bitte ein Glas …

I'll have … [ail häw]
A glass of …, please
[ə 'glahs ‿əw … plihs]

Auf Ihr Wohl!
Bezahlen, bitte.

Cheers! [tschiəs]
Could I have the bill, please?
['kud ai häw θə 'bil plihs]

Wo sind bitte die Toiletten?

Where are the restrooms, please?
['weərə θə 'restruhms plihs]

▇ EINKAUFEN

Wo finde ich …?

Where can I find …?
['weə 'kən‿ai 'faind]

Apotheke
Bäckerei
Kaufhaus
Lebensmittelgeschäft
Markt

chemist's [kämists]
baker's [bäikəs]
department store [di'pahtmənt stoh]
food store ['fuhd stoh]
market ['mahkit]

▇ ÜBERNACHTUNG

Können Sie mir bitte …
empfehlen?
    … ein Hotel …
    … eine Pension …

Can you recommend …, please?
[kən ju ‚räkə'mänd … plihs]
    … a hotel … [ə həu'täl]
    … a guest-house … [ə 'gästhaus]

SPRACHFÜHRER

Ich habe bei Ihnen ein
Zimmer reserviert.
Haben Sie noch …
   … ein Einzelzimmer?
   … ein Doppelzimmer?
   … mit Dusche/Bad?

   … für eine Nacht?
   … für eine Woche?
Was kostet das Zimmer
mit …
   … Frühstück?
   … Halbpension?
   … Vollpension?

I've reserved a room.
[aiw ri'söhwd_ə 'ruhm]
Have you got … [həw ju got]
   … a single room? [ə 'singl ruhm]
   … a double room? [ə 'dabl ruhm]
   … with a shower/bath?
[wiθ ə 'schauə/'bahθ]
   … for one night? [fə wan 'nait]
   … for a week? [fə ə 'wihk]
How much is the room with …
['hau 'matsch is θə ruhm wiθ]
   … breakfast? ['bräkfəst]
   … half board? ['hahf'bohd]
   … full board? ['ful'bohd]

■ PRAKTISCHE INFORMATIONEN ■

Können Sie mir einen
guten Arzt empfehlen?
Ich habe hier Schmerzen.
Was kostet …
   … ein Brief …
   … eine Postkarte …
   … nach Deutschland?

Can you recommend a good doctor?
[kən ju ˌräkə'mänd ə gud 'doktə]
I've got pain here. [aiw got päin 'hiə]
How much is … ['hau 'matsch is]
   … a letter … [ə 'lätə]
   … a postcard … [ə pəustkahd]
   … to Germany? [tə 'dschöhməni]

■ ZAHLEN ■

0	zero, nought [siərəu, noht]	19	nineteen [ˌnain'tihn]
1	one [wan]	20	twenty ['twänti]
2	two [tuh]	21	twenty-one [ˌtwänti'wan]
3	three [θrih]	30	thirty ['θöhti]
4	four [foh]	40	forty ['fohti]
5	five [faiw]	50	fifty ['fifti]
6	six [siks]	60	sixty ['siksti]
7	seven ['säwn]	70	seventy ['säwnti]
8	eight [äit]	80	eighty ['äiti]
9	nine [nain]	90	ninety ['nainti]
10	ten [tän]	100	a (one) hundred
11	eleven [i'läwn]		['ə (wan) 'handrəd]
12	twelve [twalw]	1000	a (one) thousand
13	thirteen [θöh'tihn]		['ə (wan) 'θausənd]
14	fourteen [ˌfoh'tihn]	10000	ten thousand
15	fifteen [ˌfif'tihn]		['tän 'θausənd]
16	sixteen [ˌsiks'tihn]	1/2	a half [ə 'hahf]
17	seventeen [ˌsäwn'tihn]	1/4	a (one) quarter
18	eighteen [ˌäi'tihn]		['ə (wan) 'kwohtə]

Blue Mountains

REISE
ATLAS

© Berndtson & Berndtson GmbH, Fürstenfeldbruck

A **B** **C**

1

2

Gull Bay
Watson Taylor
Lucea Harbour

North West or
Pedro Point

Lances Bay
Fort Charlotte
Lucea

Parad

Elgin Town
Kew
271

Cousins
Cove
A 1

Davis Cove

Davis
Cove

Johnson
Town
Eaton

Je

204

H A N O

Cacoon

Middlesex

Georgia

Green Island Harbour

Negro Bay

Tom
Spring

Blenheim

Harvey
River

Maryla

Lances River

Harding Hall

Green
Island

Saxham

Prospect

Cauldwell

Dias

Askenish

Half Moon Bay
Orange Bay

Salt
Spring

Grange

Kingsvale

Dolphin Head
545

Med

3

North Negril Point
13

Santoy

Westfield

Kendal

Upper Rock
Spring

Glasgow

M

Bloody Bay

Logwood

Orange River

March Town

B 9

Kings Valley

Negril
Aerodrome

Cave Valley

Moreland

Jerusalem
Mountain

Town Head

The
Great

Mint

Truro Gate

280

Grange Hill

E

Long Bay

Morass

W E S T M O R E L

Frome
Caba

Moreland Hill

Alma

4

Negril

Springfield

Delve
Bridge

Fullersfield

South Negril
Point

Sheffield

Negril
Spots

Masemure

Paul
Island

Georges
Plain

Negril R.

Retrieve
St. Paul's

Albany

Negril
Lighthouse

Mount
Airy

190

Revival

New Hope

Little
London

A

Bay Road

B 9

Negril
Hill

Retreat

Orange Hill

Old Hope

A 1

Little Bay

New Broughton

Sa
La

Homers Cove

Little Bay

Old Hope
Wharf

Cabarita
Point

South West
Point

South
West
Point

5

C a r i b b e a n

S e a

6

5 km

4 miles

110

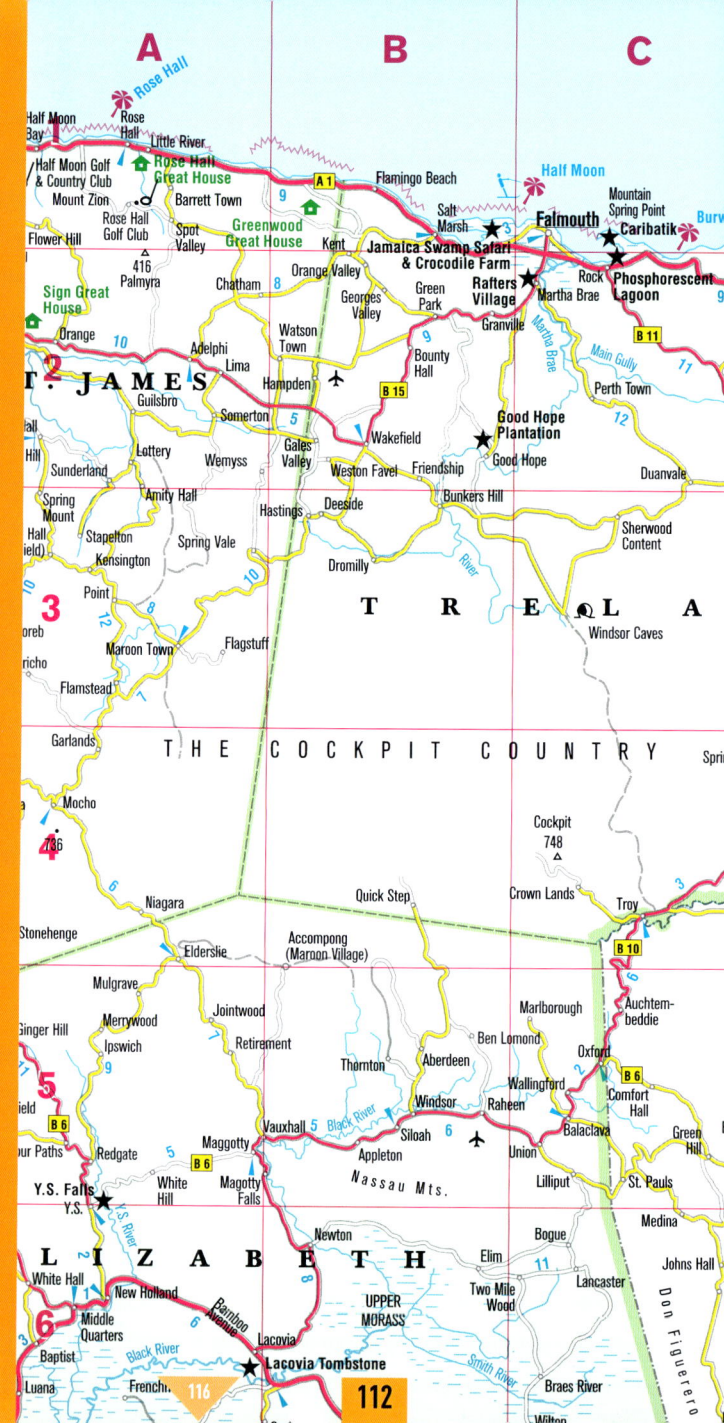

Rose Hall
Half Moon Bay
Rose Hall
Little River
Half Moon Golf & Country Club
Rose Hall Great House
Mount Zion
Barrett Town
Flamingo Beach
Half Moon
Mountain Spring Point
A 1
Salt Marsh
Falmouth
Caribatik
Burw
Rose Hall Golf Club
Greenwood Great House
Flower Hill
Spot Valley
Kent
Jamaica Swamp Safari & Crocodile Farm
Rafters Village
Rock
Phosphorescent Lagoon
416
Sign Great House
Palmyra
Chatham
Orange Valley
Georges Valley
Green Park
Granville
Martha Brae
B 11
Orange
10
Adelphi
Lima
Watson Town
Bounty Hall
Martha Brae
Main Gully
Perth Town
11
T. J A M E S
Hampden
B 15
Good Hope Plantation
12
Guilsbro
Somerton
Wakefield
Good Hope
Duanvale
all
Hill
Lottery
Wemyss
Gales Valley
Weston Favel
Friendship
Sunderland
Amity Hall
Hastings
Deeside
Bunkers Hill
Sherwood Content
Spring Mount
Stapelton
Spring Vale
Dromilly
River
Hall (field)
Kensington
Point
T R E L A
oreb
12
8
Windsor Caves
icho
Maroon Town
Flagstaff
Flamstead
Garlands
T H E   C O C K P I T   C O U N T R Y
Spri
Mocho
Cockpit
748
736
Niagara
Quick Step
Crown Lands
Troy
Stonehenge
Elderslie
Accompong (Maroon Village)
B 10
Mulgrave
Marlborough
Auchtembeddie
Ginger Hill
Merrywood
Jointwood
Ben Lomond
Oxford
Ipswich
Retirement
Thornton
Aberdeen
Wallingford
B 6
field
Vauxhall
Windsor
Raheen
Comfort Hall
B 6
Redgate
Maggotty
Siloah
Balaclava
Green Hill
our Paths
White Hill
B 6
Magotty Falls
Appleton
Union
Lilliput
St. Pauls
Y.S. Falls
Y.S.
Nassau Mts.
Medina
L I Z A B E T H
Newton
Bogue
Johns Hall
White Hall
Elim
11
Lancaster
New Holland
Two Mile Wood
Bamboo Avenue
Lacovia
UPPER MORASS
Baptist
Middle Quarters
Black River
Smith River
Braes River
Luana
French
116
Lacovia Tombstone
112
Wilton

Don Figuerero

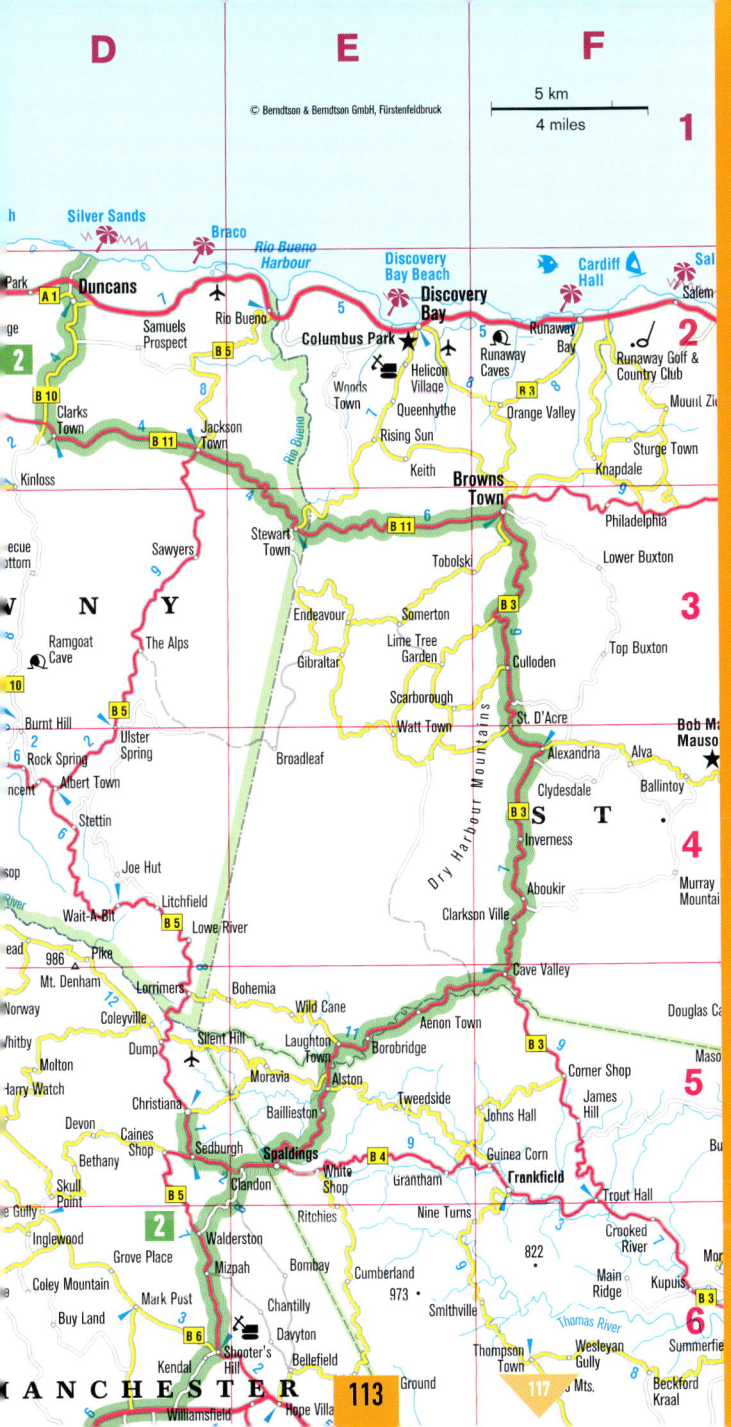

1

5 km
4 miles

C a r i b b e a n

S e a

2

3

Salt Gut

Murlocks

Golden Head

Mango Valley

Boscobel Aerodrome

Jacks River

Grants Town

Firefly

Dracabessa

Galina

A 3

Little Bay

Pagee

10

Fontabelle

B 13

Free Hill

Port Maria

Trinity

Vanity Fair

Baileys Vale

Quebec

Dressikie

Brimmer Hall Plantation Tour

Sandside

340

Roadside

Bonny Gate

Llanrumney

Heywood Hall

Islington

Don Christophers Point

Lambkin Hill

Langley

Silver Spring

Hampstead

White Hall

Lebanon

Nutfield

Spanish Fort

Pembroke Hall

Jackson

Robins Bay

M A R Y

Tollock Castle

Harmony Hall

Martins

Albany

Green Castle Estate

Donnington

Sadland Wood

565

Dean Pen

Highgate

Water Valley

A 3

Free Point

Annotto Bay

Montreal

B 2

Iter Berdale

Carron Hall

Palmetto Grove

Grantham

Belfield

Windsor Castle

Woodside

Clermont

Lewis Store

Aqualta Vale

9

Springfield

Pear Tree Grove

Orange River

Richmond

Chovey

Fort George

Fort Stev

Top Hill

Flint River

Aleppo

Clonmel

A 3

Broadgate

Sports Park

Rose Hill

Cuffy Gully

Flint River

Camberwell

Long Road

Jubilee Town

Ham Walk

B 2

Rook River

10

Devon Pen

Enfield

Redwood

Rio Magno

Troja

Mount Regale

Two Paths

5

Darling Spring

Platfield

597

Leinster

Scotts Hall

Dover Castle

Harewood

Brainerd

Castleton

Castleton Botanical Gardens

Mount Telegraph

Silve

B 2

11

Hopewell

Border

Toms River

Brandon Hill

Birnan wood

Lucky Valley

Glengoffe

Mount Charles

Coakley

Mount Horeb

1275

Harkers Hall

Cassava River

Lawrence Tavern

P

West Prospect

Knollis

Edward Piece

Zion Hill

Mount James

Mount Airy

Tulloch

Above Rocks

Temple Hall

A 3

Mt. Friendship

1472

6

Gre

Jackson

Sligeville

Montpelier

Parks Road

St. Christopher

Cavaliers

Golden Spring

Hollywell Park

Kensington

737

Stanbery Grove

Rock Hill

115

Swain Spring

119

Bowden Hill

Freetown

Woodford

Flat Bridge

Manning Hill

Red Gal Ring

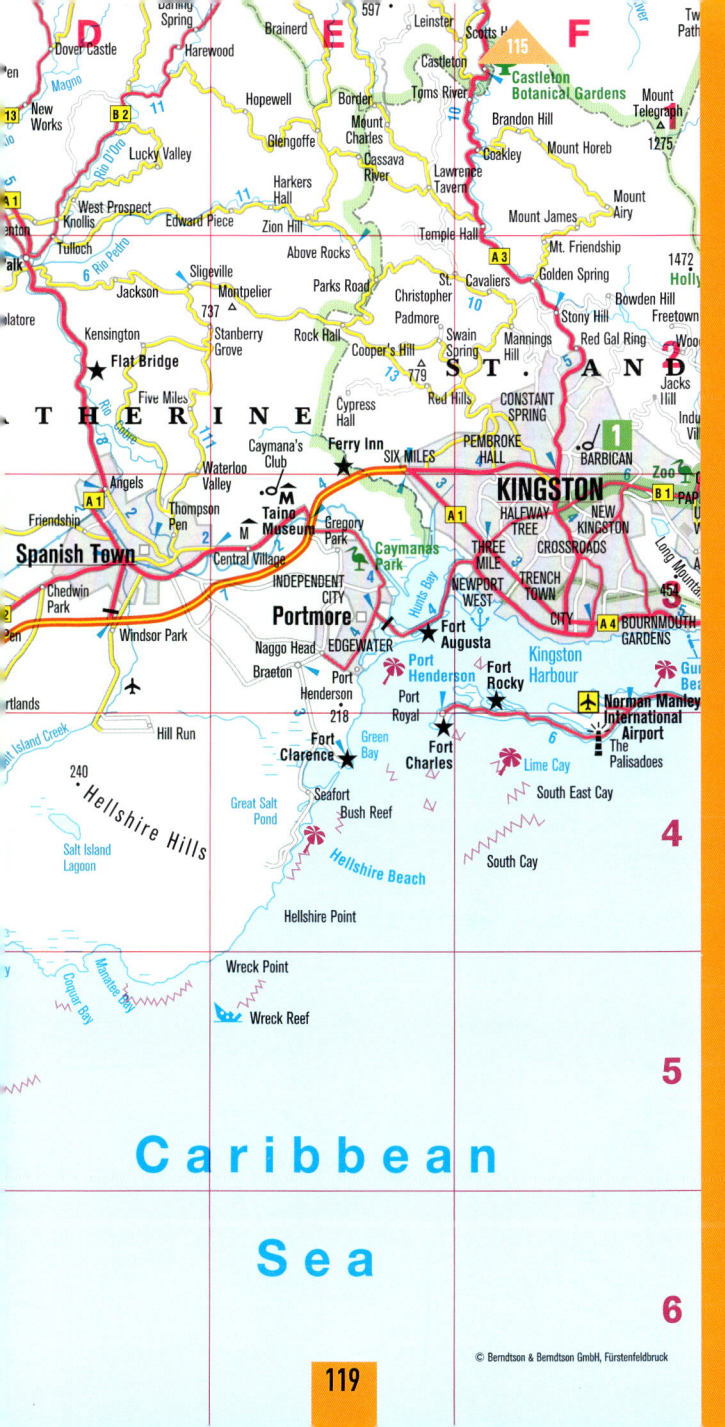

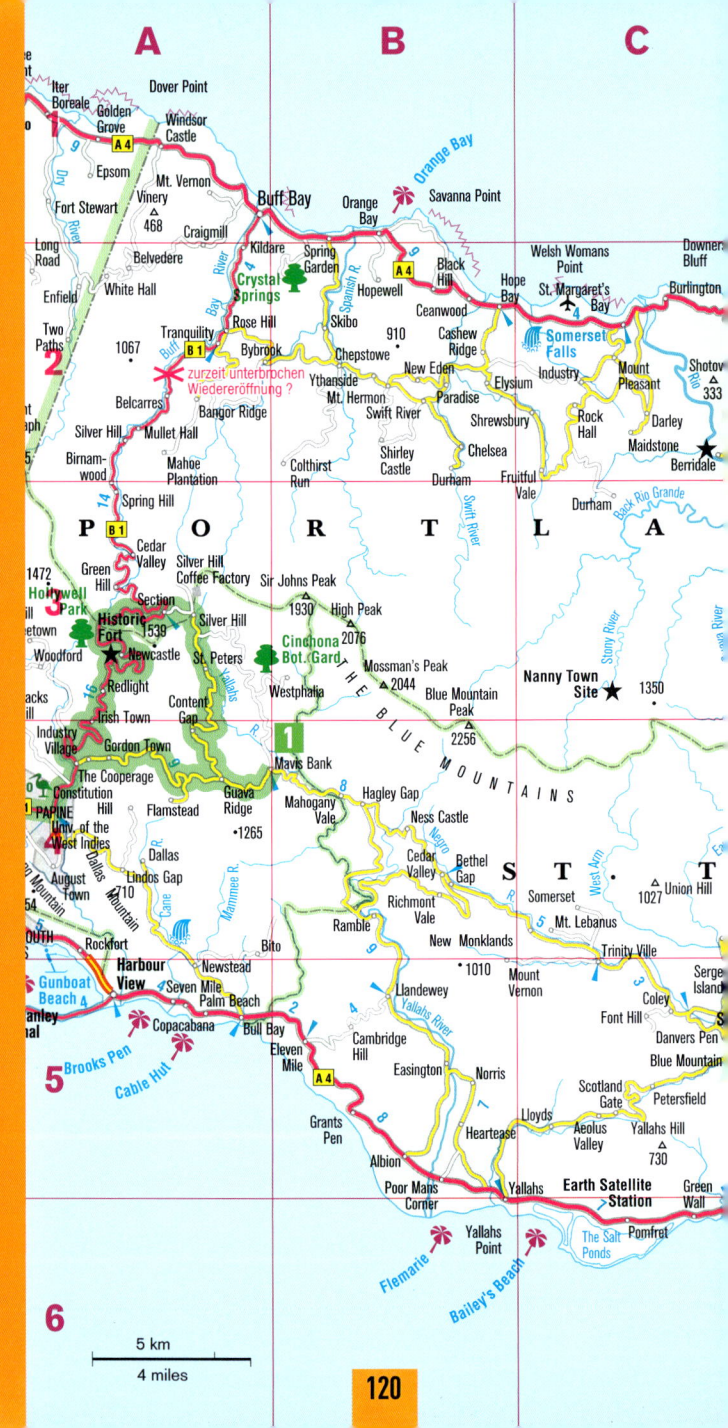

C a r i b b e a n

S e a

Folly Point
Lighthouse

Burnetts
Point

Folly
Point

Frenchman's Cove

San San Beach

Antonio

Drapers

Blue
Hole

Nonsuch

Fairy
Hill

Zion Hill

Boston Beach

Boston
Bay

Sherwood
Forest

Castle Mountain
335

Dragon Bay

North East Point

Caves
of Nonsuch

Priestmans
River

Fellowship

Islington

Fair
Prospect

Booby North Point

Hartford

Long Bay

D

Windsor

Seamans
Valley

Windsor
Forest

Long
Bay

Rural Hill

A 4

9

ater
urch
Moore Town

Sam Streete
Maroon Mus.

M

Cornwall
Barracks

J
O
H
N

C
R
O
W

M
O
U
N
T
A
I
N
S

532
Ecclesdown

Kensington

Ginger
House

Comfort
Castle

Millbank

Reach

Manchioneal

Manchioneal Harbour

Innis Bay

1050

Drivers River

Reach
Falls

Muirton

er Time
1175

Macca Sucker
1335

Four
Feet

Williamsfield

Belle Castle

Happy Grove

Hectors River

O   M   A   S

Haining

A 4

10

Booby South Point

Hayfield

Bath Fountain
(Mineral Bath)

Johnson
Mountain

Rowlandsfield

Mount
Felix

Spring
Bank

312

Amity
Hall

White
Hall

Beacon
Hill

Wheelerfield

Quaw Hill

Holland Bay

Water Valley

Bath

Bachelors
Hall

Hordley

Soho

Sunning
Hill

Ginger
Hall

Botanical
Gardens

Plantain

Garden R.

Golden Grove

Quaco
Point

Middleton

Spring
Garden

Wilmington

Pear Tree
River

Stokes
Hall

Duckenfield

Mammee
Bay

York

Needham
Pen

Airy Castle

Arcadia

Hampton Court

Dalvey

THE
GREAT
MORASS

Morant
Point
Lighthouse

Morant River

5

Church
Corner

Paul Bogle
Statue

Johns
Town

Style Hut

Harbour
Head

Phillipsfield

Barking Lodge

Rocky Point

Folly Bay

South
East
Point

elvedere

elle

Belfast

Morant
Bay

Lyssons

Leith
Hall

Port Morant

Bowden

New Pera

Snook
Point

7

Prospect

Old Pera

Port Morant

Lyssons Providence Pen

Prospect & Retreat

Prospect
Point

D   E   F

1

2

3

4

6

Motorway with toll station
Autobahn mit Mautstelle
Autoroute avec gare de péage
Autostrada con stazione a barriera
Autopista con estación de peaje

Highway
Fernverkehrsstraße
Grande route de transit
Strada di transito
Autovía

Important main road (asphalt)
Wichtige Hauptstraße (asphaltiert)
Route de comm. importante (asphaltée)
Strada di interesse regionale (asfalto)
Carretera general importante (asfaltado)

Main road
Hauptstraße
Route principale
Strada principale
Carretera principal

Secondary road
Nebenstraße
Route secondaire
Strada secondaria
Carretera secundaria

Carriage way, Path
Fahrweg, Pfad
Chemin carrosable, Sentier
Strada carrozzabile, Sentiero
Camino vecinal, Sendero

 Int. Airport, Airfield
Int. Flughafen, Flugplatz
Aéroport int., Aérodrome
Aeroporto int., Aerodromo
Aeropuerto int., Aeródromo

 Museum, Golf
Museum, Golf
Musée, Golf
Museo, Golf
Museo, Golf

 Lighthouse, Monument
Leuchtturm, Denkmal
Phare, Monument
Faro, Monumento
Faro, Monumento

 Point of interest, Camping site
Sehenswürdigkeit, Campingplatz
Curiosité, Terrain de camping
Curiosità, Campeggio
Curiosidad, Camping

 Beach, Hospital
Strand, Krankenhaus
Plage, Hôpital
Spiaggia, Ospedale
Playa, Hospital

 Plantation house, National park
Plantagenhaus, Nationalpark
Maison de plantation, Parc national
Casa di piantagione, Parco nazionale
Casa de plantación, Parque nacional

 Bauxite plants, Cave
Bauxitfelder, Höhle
Champs de bauxite, Grotte
Campi di bauxite, Grotta
Campos de bauxita, Cueva

Excursions & tours
Ausflüge & Touren
Excursions & tours
Gite & escursione
Excursions & rutas

 Deap sea fishing, Shipwreck
Hochseefischen, Schiffswrack
Pêche de haute mer, Épave de bateau
Pesca d'alto mare, Relitto di nave
Pesca de altura, Barco naufragado

 Watersking, Windsurfing
Wasserski, Windsurfen
Ski nautique, Planche à voile
Sci nautico, Surfing
Esquí náutico, Windsurf

 Parasailing, Yachting
Paragleiten, Segelsport
Parasailing, Centre de voile
Parasailing, Sport velico
Parapente, Deporto de vela

 Scuba diving, Rafting
Sporttauchen, Rafting
Sous-marine plongée, Rafting
Sport subaqueo, Rafting
Submarinismo, Canotaje

 Wildlife reserve, Zoological garden
Wildgehege, Zoo
Parc à gibier, Zoo
Bandita di caccia, Giardino zoologico
Reserve de caza, Jardín zoológica

KINGSTON

Capital city
Hauptstadt
Capitale
Capitale di stato
Capital de estado

<u>May Pen</u>

Parish capital
Hauptstadt der Kirchengemeinde
Capitale de paroisse
Capitale di parrocchia
Capital de parroquia

 Distance in miles
Entfernung in Meilen
Distance en miles
Distanze in miles
Distancia en miles

 County boundary, Parish boundary
Bezirksgrenze, Gemeindegrenze
Frontière de province, Front. de commune
Confine di provincia, Conf. di municipio
Frontera de provincia, Front. de municipio

 KINGSTON   > 100.000

Spanish Town   50.000 - 100.000

May Pen   25.000 - 50.000

Port Antonio   10.000 - 25.000

○ Ocho Rios   2.000 - 10.000

○ Durham   < 2.000

10 € GUTSCHEIN
für Ihr persönliches Fotobuch*!

Gilt aus rechtlichen Gründen nur bei Kauf des Reiseführers in Deutschland und der Schweiz

SO GEHT'S: Einfach auf www.marcopolo.de/fotoservice/gutschein gehen, Wunsch-Fotobuch mit den eigenen Bildern gestalten, Bestellung abschicken und dabei Ihren Gutschein mit persönlichem Code einlösen.

Ihr persönlicher Gutschein-Code: mpbbps5zp7

MARCO POLO

MEINE REISE
Die schönsten Erinnerungen

Erlebe Deine Bilder!

Zum Beispiel das MARCO POLO FUN A5 Fotobuch für 7,49 €.

www.marcopolo.de/fotoservice/gutschein

REGISTER

Hier finden Sie alle in diesem Reiseführer erwähnten Orte und Ausflugsziele, wichtige Sachbegriffe und Personen. Halbfette Seitenzahlen verweisen auf den Haupteintrag, kursive auf ein Foto.

> SCHREIBEN SIE UNS!

Liebe Leserin, lieber Leser,

wir setzen alles daran, Ihnen möglichst aktuelle Informationen mit auf die Reise zu geben. Dennoch schleichen sich manchmal Fehler ein – trotz gründlicher Recherche unserer Autoren/innen. Sie haben sicherlich Verständnis, dass der Verlag dafür keine Haftung übernehmen kann.

Wir freuen uns aber, wenn Sie uns schreiben.

Senden Sie Ihre Post an die MARCO POLO Redaktion, MAIRDUMONT, Postfach 31 51, 73751 Ostfildern, info@marcopolo.de

IMPRESSUM

Titelbild: Strand bei Ocho Rios (Mauritius: World Pictures)
Fotos: H.-U. Dillmann (126); © fotolia.com: Alexander Raths (89 M.l.), Rohit Seth (88 o.l.); R. Hackenberg (62/63); Courtesy of Half Moon (13 o.); Barbara Blake Hannah (12 o.); HB Verlag: Sasse (4 l., 11, 26, 45, 48, 52, 56, 60, 79, 103); Huber: Bertsch (22/23), Huber (8/9), Kornblum (29, 94/95, 108/109), Schmid (6/7, 43, 46/47, 58/59, 72/73, 82/83); © iStockphoto.com: Carmen Martínez Banús (14 o.), Jorge Delgado (14 M.), gisele (89 u.r.), LyaC (88 M.l.), Sarah Reilly (88 u.r.), Ilya Terentyev (89 M.r.); Jamaica Zipline Adventure Tours: Miguel Arthurs (15 o.); G. Jung (Klappe rechts, 32, 74); Laif: Heeb (28/29), Sasse (Klappe Mitte, 2 l., 3 r., 18, 20, 22, 23, 24/25, 27, 28, 30/31, 34, 40, 50, 54, 66, 71, 76, 81, 85, 87, 90/91, 96), Tophoven (Klappe links, 5, 16/17, 64); Lime Tree Farm: Rodger Bolton (14 u.); Mauritius: World Pictures (1); La Pluma Negra: David Goddard (13 u.); Red Bull Photofiles (12 u.); Reggae Films UK (15 u.); ShoreTrips: Hooves (88 M.r.); P. Spierenburg (2 r., 3 l., 36, 69, 93); Courtesy of Walkerswood Country Tours (89 o.l.); U. Wetzels (3 M.); White Star: Pasdzior (4 r., 38)

7., aktualisierte Auflage 2009
© MAIRDUMONT GmbH & Co. KG, Ostfildern
Chefredaktion: Michaela Lienemann, Marion Zorn
Autorin: Uschi Wetzels; Bearbeiter: Hans-Ulrich Dillmann; Redaktion: Manfred Pötzscher
Programmbetreuung: Jens Bey, Silwen Randebrock; Bildredaktion: Gabriele Forst
Szene/24h: wunder media, München
Kartografie Reiseatlas: © Berndtson & Berndtson GmbH, Fürstenfeldbruck
Innengestaltung: Zum goldenen Hirschen, Hamburg; Titel/S. 1–3: Factor Product, München
Sprachführer: in Zusammenarbeit mit Ernst Klett Sprachen GmbH, Stuttgart, Redaktion PONS Wörterbücher

FÜR IHRE NÄCHSTE REISE

Ihre Reisecheckliste

Haben Sie alles im Gepäck?

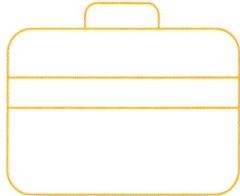

- ○ Reiseunterlagen (Tickets, Buchungsbelege, Bestätigungen)
- ○ ELVIA Reiseschutz
- ○ Impfausweis
- ○ Krankenkassenkarte
- ○ Reisepass
- ○ Führerschein
- ○ Kopien aller Papiere (zur Sicherheit)
- ○ Einreise-Visum (falls erforderlich)
- ○ Wichtige Telefonnummern
- ○ Bank-, Kreditkartensperrnummern
- ○ Kredit- bzw. ec-Karten
- ○ Medikamente / Reiseapotheke
- ○ Kulturbeutel (evtl. Kontaktlinsenmittel, Gehörschutz, Kondome)

- ○ Sonnenbrille, Ersatzbrille
- ○ Fotoapparat, Videokamera
- ○ Adapter für Fön, Rasierer
- ○ Sonnencreme
- ○ Reisewaschmittel
- ○ Nähzeug
- ○ Wörterbuch
- ○ Lieblingslektüre
- ○ MP3- und / oder CD-Player
- ○ Straßenkarte

> UNSER INSIDER

MARCO POLO Korrespondent Hans-Ulrich Dillmann im Interview

Hans-Ulrich Dillmann lebt in der Dominikanischen Republik als freier Korrespondent für die Karibik

Sie leben seit 2001 in Santo Domingo. Wie ist es dazu gekommen?

Ich wollte mir ganz einfach den Reporterwind um die Nase wehen lassen.

Was reizt Sie an der Karibik?

Es ist die sprichwörtliche Leichtigkeit des Seins, die mich täglich eine noch nicht erreichte Gelassenheit lehrt.

Und was mögen Sie dort nicht so?

Was in Deutschland vier Minuten Verwaltungsgang gekostet hat, wird hier plötzlich zu einer zeitraubenden organisatorischen Herausforderung.

Wo und wie leben Sie genau?

Ich lebe im verkehrstechnisch hervorragend gelegenen Santo Domingo. Von dort kann ich leicht die Karibik und Zentralamerika bereisen.

Sprechen Sie Spanisch und Englisch?

Mein Schulenglisch hört sich nach wie vor – wie ich finde – grausam an. Und mein vor Jahrzehnten erlerntes Spanisch hat sich karibisch eingeschliffen – sehr

zum Entsetzen meiner spanischen Freunde.

Was genau machen Sie beruflich?

Ich bin freier Zeitungs- und Rundfunkkorrespondent.

Kommen Sie viel in der Karibik herum?

Wenn ich mir die roten Stecknadeln auf der Karibiklandkarte an der Wand meines Büros anschaue, dann fehlen mir nur noch wenige Einstiche, lediglich einige kleine Antilleninseln.

Was prädestiniert Sie als MARCO POLO Autor?

Ich schaue nicht nur nach den touristischen Schönheiten, sondern suche hinter der oberflächlichen Kulisse eines Landes das Authentische, aber auch das Schräge, Absonderliche.

Was machen Sie in Ihrer Freizeit?

Auf all meinen Reisen begebe ich mich auf die Suche nach jüdischem Leben. Und in Jamaika habe ich gelernt, dass es sogar jüdische Piraten gegeben hat.

Haben Sie spezielle Hobbys?

Freunde lachen über meine Rumsammlung von den verschiedenen Karibikinseln, denn ich trinke keine hochprozentigen Alkoholika.

> BLOSS NICHT!

Ungeduldig sein

„Soon come" ist der Lieblingsausspruch der Jamaikaner und drückt ihre Lebenseinstellung aus. Nicht immer funktioniert alles mit der Präzision, wie wir es von daheim gewohnt sind. Kein Grund, unwirsch zu reagieren. Mit einem Lächeln und einem Scherz gibt man seinem Gegenüber die Chance, die oft auch für ihn unangenehme Situation zu klären, ohne dass er sein Gesicht verliert. Jamaikaner sind kontaktfreudig und beinahe immer zu einer gut gelaunten Plauderei aufgelegt, vor allem die Händler. Wer mal keinen Führer will und an keinem Kauf interessiert ist, klärt am besten mit einem unmissverständlichen „No, thank you" die Situation – bestimmt, aber freundlich.

Gedankenlos fotografieren

Bevor Sie auf den Auslöser drücken, um eine pittoreske Marktszene oder ein interessantes Gesicht abzulichten, bitten Sie um das Einverständnis der „Fotomodelle". Es kann passieren, dass es verweigert wird, respektieren Sie dies. Viel leichter ist es, Jamaikaner vor die Kamera zu bekommen, wenn sie, quasi als Gegenleistung, ein Bild in den eigenen Händen halten können. Wer eine Polaroidkamera mitführt, kann sich viele Freunde machen. Dann hat keiner etwas gegen einen zweiten Schuss mit der „richtigen" Kamera.

Drogen

Ganja, Marihuana, Indischer Hanf – die berauschenden Blätter der Cannabispflanze haben verschiedene Namen. Für die Rastafaris ist ihr Genuss heilig, als Naturheilmittel seit Jahrhunderten bekannt. Doch auf Jamaika ist sowohl der Anbau als auch der Besitz von Ganja verboten. Wer erwischt wird, wandert ins Gefängnis. Ausländische Besucher können nicht auf Milde hoffen.

In die Ghettos von Kingston

Obwohl bei Portmore Trabantensiedlungen aus dem Boden gestampft werden, ist die Wohnungsnot groß, und die Ghettos in West-Kingston sind nach wie vor existent. Hier haben Touristen nichts verloren. Nicht ganz Kingston ist so gefährlich. Allerdings sollte man nach Einbruch der Dunkelheit am besten nirgendwo mehr zu Fuß unterwegs sein. Es gibt ja schließlich Taxis. In *downtown* empfiehlt es sich, auch am Tag wachsam zu sein, selbst die einfachste Armbanduhr im Hotel zu lassen und menschenleere Ecken zu meiden.

Coming out

Homosexuellenorganisationen warnen davor, sein Schwulsein offen zu zeigen. Händchen halten und Küssen von gleichgeschlechtlichen Paaren kann zu aggressiven Reaktionen führen. gerade auch nach Konzerten auf Dancehall-Bühnen, wo Interpreten in ihren Songtexten gern zu Gewalttaten aufrufen.